Navnet på denne bog stammer fra den sydafrikanske komediefilm "Guderne går Amok" fra 1980, hvor en tom Coca-Cola flaske smides ud fra et fly over et samfund af afrikanske buskmænd. Flasken ses som en gave fra guderne, men der opstår kampe mellem landsbyens beboere, så stammens leder beslutter at de skal returnere flasken til guderne, hvilket kræver en rejse helt til verdens ende. Gennem min egen metaforiske Coca-Cola flaske skuer jeg nu starten på et nyt imperium. Denne bog tjener derfor som et opråb og bøn om en genrejsning af det nuværende amerikanske imperium (genrejsning af kapitalisme og enterprises), før det er for sent.

EN BØN OM AT BRINGE DEN ROOSEVELTISKE TILGANG TILBAGE

"Så kom de til Jerusalem. Og han gik ind på tempelpladsen, og han begyndte at jage dem ud, som solgte og købte dér, og han væltede vekselerernes borde og duehandlernes bænke, og han tillod ikke nogen at bære deres varer over tempelpladsen. Han belærte dem og sagde: "Står der ikke skrevet: 'Mit hus skal kaldes et bedehus for alle folkeslagene? Men i har gjort det til en røverkule." Det hørte ypperstepræsterne og de skriftkloge, og de pønsede på, hvordan de kunne få ryddet ham af vejen; de var nemlig bange for ham, for hele folkeskaren blev slået af forundring over hans lære." (Mark 11: 15-18, ESV)

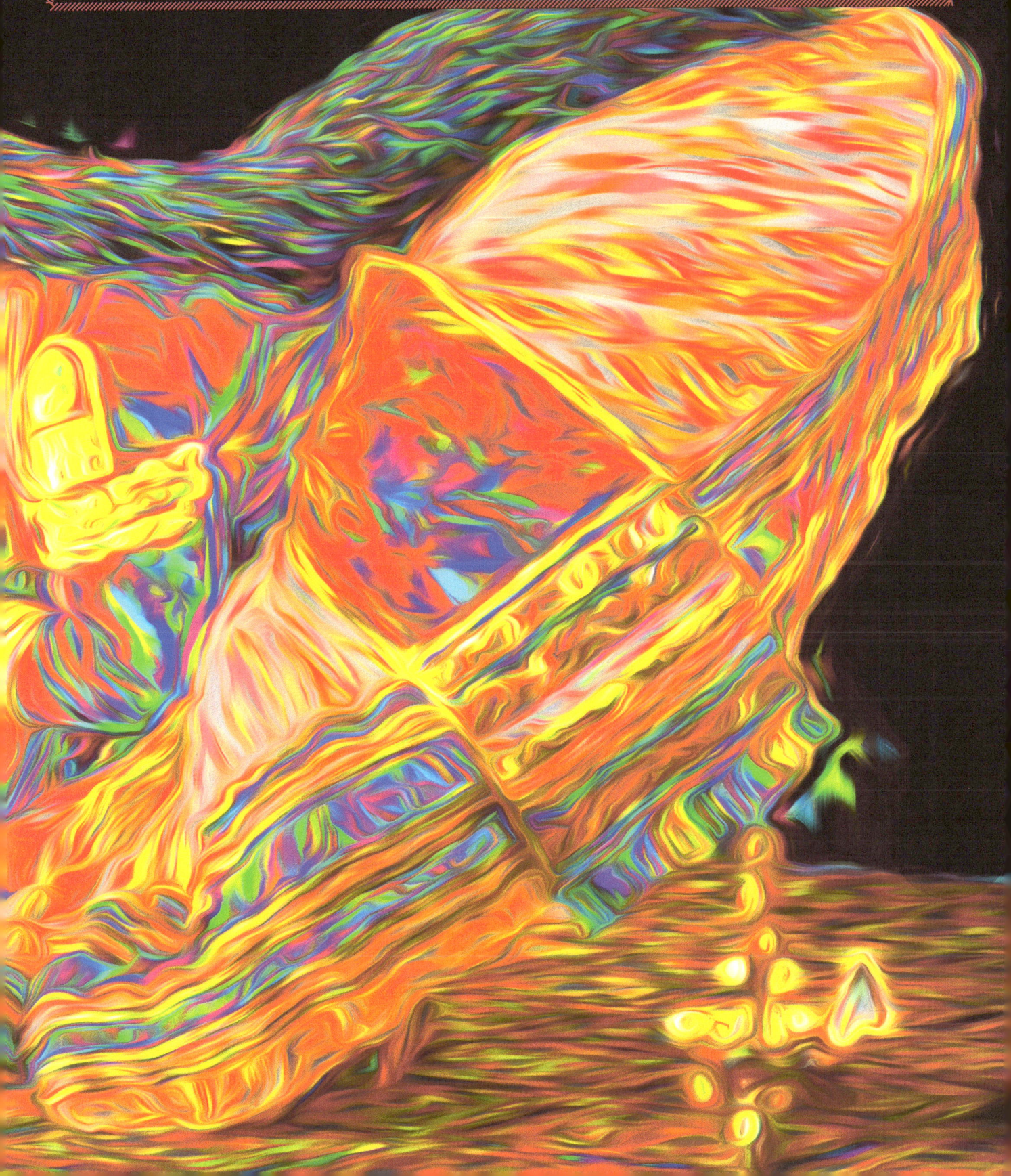

> *"Medmindre der er sikkerhed herhjemme,*
> *kan der ikke være varig fred i verden"*
>
> — Franklin Delano Roosevelt —

Lige nu, mens jeg skriver dette, er anarkiet ved at bryde ud; der er en borgerkrig i gang lige foran mit hjem her i hjertet af Chicago. Det følgende er et citat taget fra et opkald fra byrådets kontor i Chicago: "det er *'bogstavelig talt en krigszone'*, og *'bandemedlemmer bevæbnet med AK-47'er truer med at skyde sorte mennesker.' De skyder mod politiet.*"

Samtidigt, på borgmesterens kontor, udviklede byrådets debat, som egentlig skulle fastlægge en strategi for at løse problemet, sig i stedet til en råbe-konkurrence fyldt med bandeord - med andre ord, vores helt egen Chi-Raq[1] version af en bananrepublik[2]. Det får mig til at frygte hvad fremtiden har i vente for os, hvis boarding[3] er nødvendigt lige her udenfor mit eget hjem. Selv et af de mest udsøgte og ikoniske elfenbenstårne i verden (Britannicas sidste hovedkvarter) der er beskyttet af en privat milits, synes ikke længere sikkert.

Jeg har taget *One Shared World*-løftet, et løfte om at være fortaler og værge - ikke kun for mit elskede USA, men for hele menneskeheden. Jeg mener, at det er mit moralske ansvar at oplyse og uddanne andre om en forudsigelig, forebyggelig og reaktiv infrastruktur, så vi kan forsvare os selv mod eksistentielle trusler.

INDHOLD

BOGENS ANATOMI
RIGET I MIDTEN
ER I FREMGANG

★★

Daggry i 'Riget i midten'

Det amerikanske imperium er truet, og med det, eksistensen af dets virke. Hvis USA ikke spiller sine kort rigtigt, så sender det næste sultne imperium -– der allerede står på spring (Riget i midten[4]), snart sine stikirenddrenge afsted for at opkræve regninger fra amerikanerne og de mere end hundrede andre lande, som de har koloniseret økonomisk, siden den økonomiske tsunami i 2008.

Guderne går Amok

I bogens indledende afsnit fortæller jeg om min tiger-tur gennem virkelighedens forvrængede felter; fra kommunismens vugge i øst, til kapitalismens katakomber i Vesten. Dette skildres på baggrund af Hernando de Sotos bog, *The Mystery of Capital: Why Capitalism Triumphs in the West and Fails Everywhere Else*.

★★

The Gods Must be Crazy!

The Rise & Fall Measures of Empires

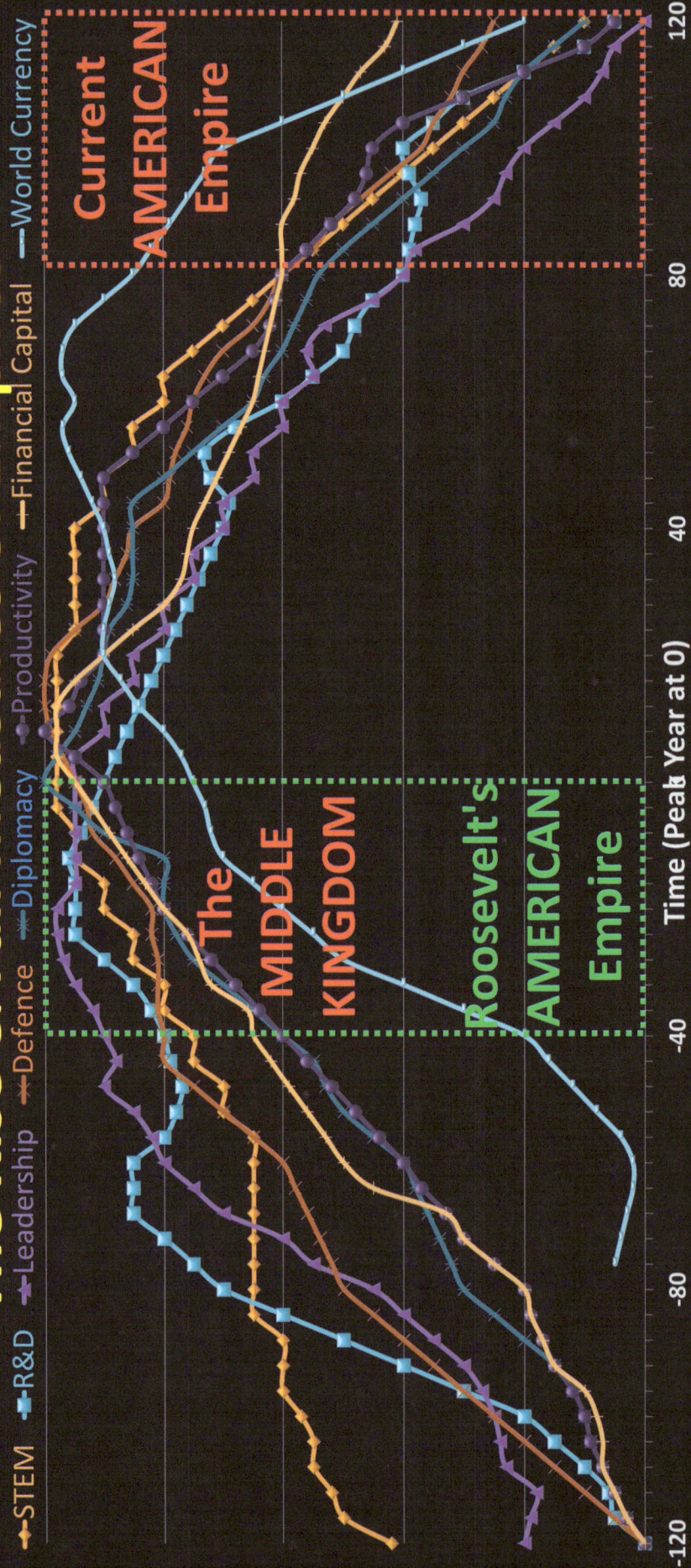

STEM — R&D — Leadership — Defence — Diplomacy — Productivity — Financial Capital — World Currency

Current AMERICAN Empire

The MIDDLE KINGDOM

Roosevelt's AMERICAN Empire

Time (Peak Year at 0)

-120   -80   -40   0   40   80   120

Et forslag om at bringe den Rooseveltiske tilgang tilbage

I bogens andet afsnit tilpasser jeg Det nye Normale fra imperier til enterprises' perspektiv for at forklare, hvordan vi kan redde os selv fra det forestående Fjerde Rige[5]. En virksomheds overlevelse er sammenflettet med opgang og nedgang for dets sponsorerende gudfædre, dvs. verdens imperier - som vi har været vidne til i de sidste fem århundreder med de mest fremtrædende virksomheder som de hollandske[6] og britiske[7] østindiske kompagnier.

Jeg graver en grav til kapitalismens fundament og foreslår at vi bringer den gode gamle Rooseveilts *New Deal* tilbage[8] for at skåne os fra det Fjerde Rige. Jeg forsvarer min hypotese om, at mange enterprises består af en flok finansmanipulerende frøer, der er afhængige af skabe gæld, og som svømmer i lunken slange-olie[9].

★★

The Gods Must Be Crazy!
Gaggle of Financial-Engineering Frogs in Debt
Nonfinancial Corporate Business; Debt Securities; Liability, Level (**Trillion $**)
Source: Board of Governors of the Federal Reserve System(FRED, Q1 2021)

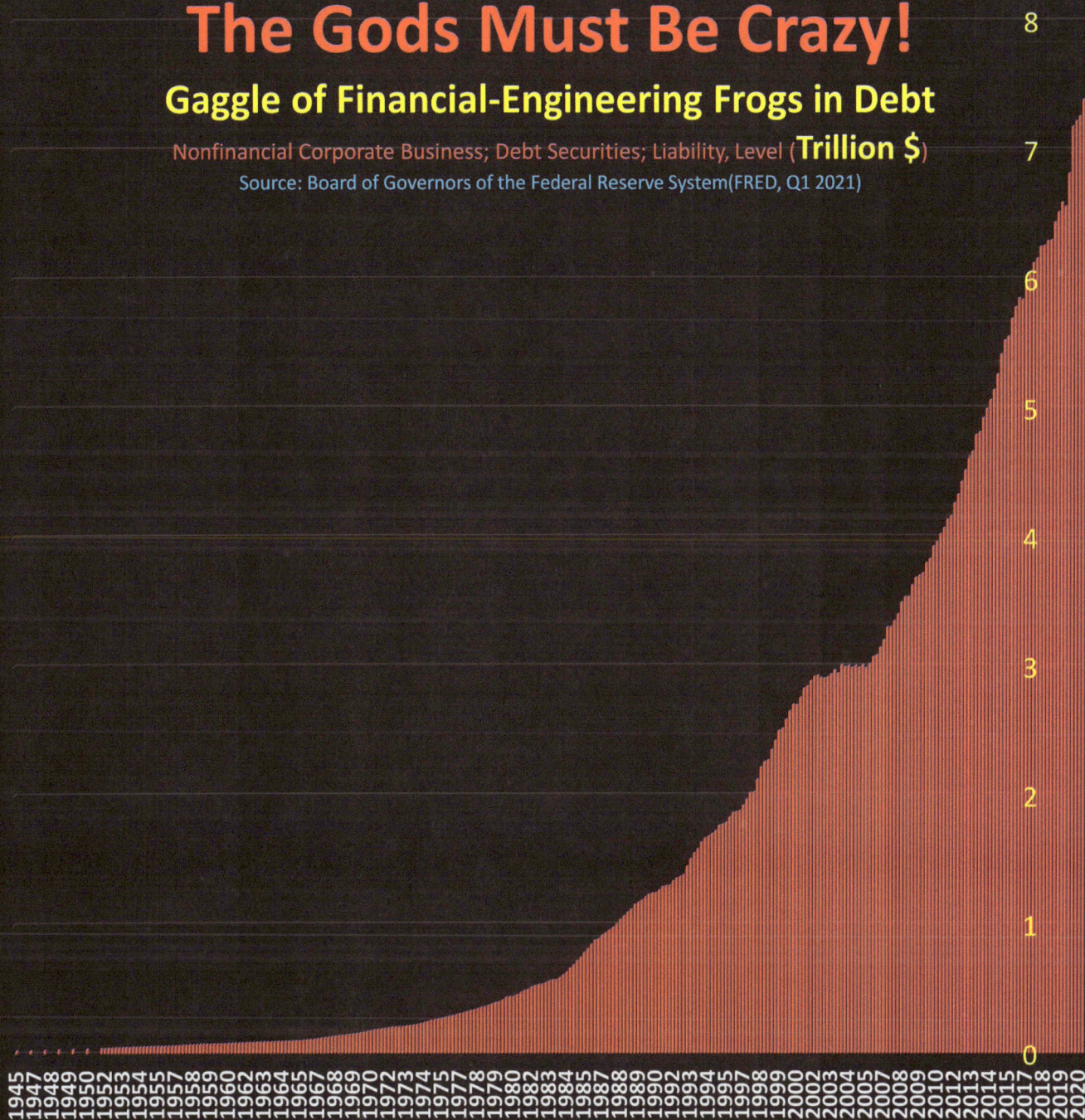

Mange af disse enterprises vil møde deres skæbne i hænderne på IP-gribbe (intellektuel ejendomsret) såsom Kina, som vist i nedenstående diagram:

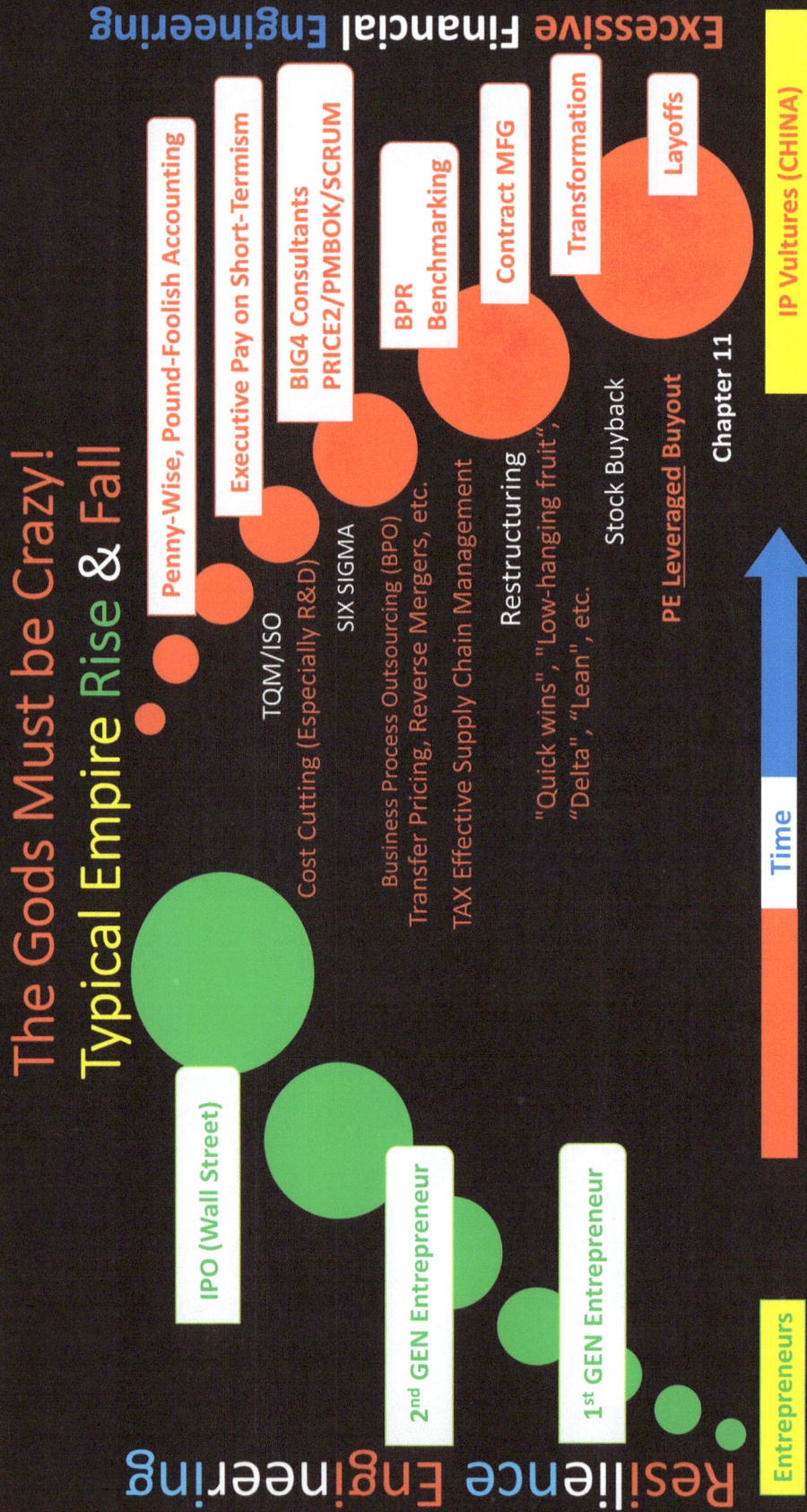

The Gods Must be Crazy!
Typical Empire Rise & Fall

Excessive Financial Engineering

- Penny-Wise, Pound-Foolish Accounting
- Executive Pay on Short-Termism
- BIG4 Consultants PRICE2/PMBOK/SCRUM
- BPR Benchmarking
- Contract MFG
- Transformation
- Layoffs
- IP Vultures (CHINA)

TQM/ISO
Cost Cutting (Especially R&D)
SIX SIGMA
Business Process Outsourcing (BPO)
Transfer Pricing, Reverse Mergers, etc.
TAX Effective Supply Chain Management
Restructuring
"Quick wins", "Low-hanging fruit", "Delta", "Lean", etc.
Stock Buyback
PE Leveraged Buyout
Chapter 11

Time

Resilience Engineering

- IPO (Wall Street)
- 2ND GEN Entrepreneur
- 1st GEN Entrepreneur
- Entrepreneurs

Ay Yi Yai Yi! Den nye verdensorden er her!

DAGGRY I RIGET I MIDTEN

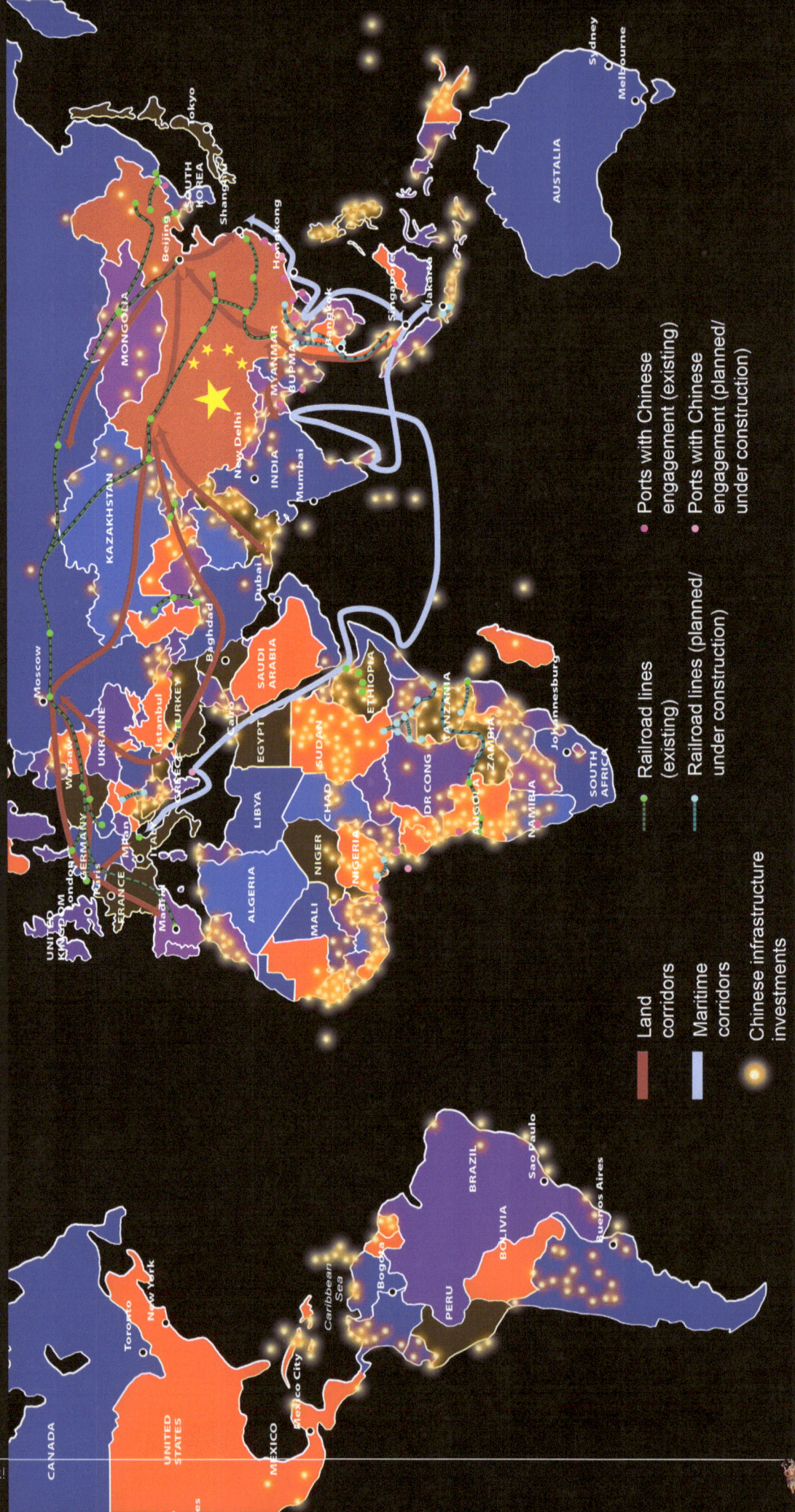

Land corridors

Maritime corridors

Chinese infrastructure investments

Railroad lines (existing)

Railroad lines (planned/ under construction)

Ports with Chinese engagement (existing)

Ports with Chinese engagement (planned/ under construction)

CANADA

UNITED STATES

MEXICO

Mexico City

New York

Toronto

Caribbean Sea

Bogotá

PERU

BOLIVIA

BRAZIL

São Paulo

Buenos Aires

UNITED KINGDOM

London

FRANCE

Paris

GERMANY

Warsaw

ITALY

Madrid

GREECE

UKRAINE

Moscow

Istanbul

TURKEY

ALGERIA

LIBYA

EGYPT

Cairo

MALI

NIGER

NIGERIA

CHAD

SUDAN

DR CONG

ANGOLA

ZAMBIA

NAMIBIA

TANZANIA

ETHIOPIA

SOUTH AFRICA

Johannesburg

SAUDI ARABIA

Baghdad

Dubai

KAZAKHSTAN

MONGOLIA

Moscow

Beijing

Shanghai

Hong Kong

SOUTH KOREA

Tokyo

New Delhi

INDIA

Mumbai

MYANMAR BURMA

Singapore

Jakarta

AUSTALIA

Sydney

Melbourne

www.TigerRider.com

Gods Must Be Crazy!

Conservative Estimate of Chinese Debt + Equity

Source: CHINA'S OVERSEAS LENDING, Sebastian Horn, Carmen Reinhart and Christoph Trebesch (KIEL WORKING PAPER NO. 2132)

Note: **China's activities are secretive and captured only about 50% of total Chinese overseas loans.**
Includes debt claims from direct lending, trade advances, FDI debt instruments and portfolio holdings of foreign bonds and equity claims from foreign direct investment and portfolio holdings of foreign equity instruments.

In percent
of recipient GDP

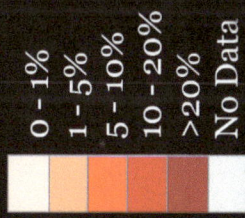

- 0 - 1%
- 1 - 5%
- 5 - 10%
- 10 - 20%
- >20%
- No Data

"Krigskunsten er af vital betydning for staten. Det er et spørgsmål om liv eller død. Krigen er en vej som kan føre til sikkerhed eller til ødelæggelse. Derfor bør krigskunsten studeres meget grundigt.

Sun Tzu's The Art of War (476–221 BC)

www.EPM.Mavericks.com

Kina, 'Riget i Midten', venter spændt på, at vi spiller vores slidte trumfkort, så de kan sende deres du- sørjægere ind for at genvinde fanen fra USA og over hundrede andre lande[10]. Kinesiske virksomheder, underlagt regeringsmagten, koloniserer effektivt verden ved økonomisk at påvirke over hundrede lande med mindst 10 milliarder dollars i gældsfælde-diplomati[11]. De nye generationer af One Belt, One Road og Silkevejs-initiativet[12] og andre højteknologiske kæmpeprojekter indenfor infrastruktur er gode eksempler på den trojanske hest, kineserne har bygget til det 22. århundrede. Nogle af disse parasitære og uhold- bare gældsfælde-diplomatiske manøvrer har hegemoniske motiver og skjulte udfordringer for staternes suverænitet. De buldrer ganske enkelt derudaf med det simple formål at støtte Kinas geostrategiske in- teresser og militære dimensioner.

"Sammenlignet med Kinas fremtrædende status i verdenshandelen er dets rolle i global finansiering dårligt forstået...
Kinas kapitaleksport opbyggede et nyt portefølje med 5000 lån og tilskud til over 150 lande, i perioden 1949-2017. Vi har opdaget at 50% af Kinas udlån til udviklingslande ikke rapporteres til IMF eller Verdensbanken. Disse "skjulte lån" fordrejer politisk overvågning, risiko-prissætning og analyser af bæredygtighed af gæld. Da Kinas udenlandske udlån næsten udelukkende er officielle (statskontrollerede) lån, gælder de gængse mekanismer der gælder for private grænseoverskridende handler ikke på samme måde."

Kiel Institute for the World Economy (2020)

Ifølge KIEL-rapportens beregninger, svarede Kinas samlede finansielle tilgodehavende i andre lande i 2017 til mere end 8% af verdens samlede BNP. Kinesere ejer obligationer og statsgarantier til en værdi af mindst 7% af det amerikanske BNP, 10% af det tyske BNP og 7% af det britiske BNP, i hvert af de disse lan- de. Kina har endda betydelige investeringer i Europa, der samlet svarer til 7% af EU-landenes BNP (hvilket svarer til 850 milliarder amerikanske dollars i obligationer).

Kina kan udnytte den indflydelse som over 5 milliarder dollars i gældskrav giver over resten af verden, og andelen af lande i modtagerdelen af Kinas finansielle "generøsitet" har næsten nået 80% fra 2017. Denne dramatiske stigning er hidtil uset i fredstidens historie og kan sammenlignes med de amerikanske udlån i kølvandet på første og anden verdenskrig.

Desværre er disse konservative tal fra 2017 nu forældede, især i betragtning af den økonomiske tilstand i den COVID-19-pandemi-ramte verden. Vi har endnu ikke set den fulde effekt af COVID-19 på Kinas acce- lererende lån og investeringer.

Der var engang hvor amerikansk grundlagte institutioner som IMF og verdensbanken var de største lån- givere i verden. Deres tilgang til udlån lagde stor vægt på fuld offentliggørelse og vægtede en vis grad af gennemskuelighed, etik og professionalisme. Det var især udbredt, når der blev forhandlet med korrupte regeringer og militser i ressource-rige, men korrupte lande (rigdommens paradoks).

Medlemmerne i OECD (Organisationen for Økonomisk Samarbejde og Udvikling), i Club de Paris og andre anerkendte institutioner som IMF og Verdensbanken lægger stor vægt på hensigtsmæssige og langsigtede koncessionelle udlånsvilkår. Mange af Club de Paris-lånene udstedes i form af officiel udviklingsbistand der defineres af OECD og har et indbygget legat-element på mindst 25%. Disse lån vil ofte have løbetider på op til 30 år og næsten ingen præmie-risiko.

Det er også alment kendt at Kina er involveret i lyssky aftaler med uetiske ledelsesorganer og militser i lande, der allerede kæmper med mangel på økonomiske ressourcer. Desuden distribuerer Kinas statsejede banker typisk pengene direkte til en kinesisk entreprenør, som er ansvarlig for det pågældende projekt, frem for modtagerlandets regering. Det holder kredsen lukket, da man prioriterer kinesiske entreprenørfirmaer med kinesisk arbejdskraft og materialer, hvilket sikrer en større fordel for Kina end for værtslandet.

Disse lyssky og lukkede taktikker er en form for gældsfælde-diplomati, der hurtigt kan overtage ejendomsretten til aktiver. Det er en trojansk hest fra Kinas side, som får fordele og kan nyde økonomisk kolonisering, men overlader ansvaret til værtslandets skatteydere som skal betale regningen i generationer fremover. De 50 mest gældsatte modtagerlande skylder nu Kina, det der i gennemsnit svarer til næsten 40% af deres rapporterede eksterne gæld.

Kinas officielle udlån kontrolleres af det kinesiske kommunistparti, og dermed den kinesiske regering. To tredjedele af udlånsaktiviteten kanaliseres gennem udenlandske datterselskaber af kinesiske banker i offshore skattely. Disse lån, der er næsten umulige at spore, er for det meste støttet af sikkerhedsstillelse og udført i dybeste hemmelighed.

Mange af udlånene går til økonomisk fattige, men ressourcerige lande, der drives af korrupte og uduelige regeringer. På den måde sikres renter og afdrag ofte med disse landes ressourcer. I modsætning til de typiske statslige lån lande imellem, er disse kontrakter hemmelige kommercielle lån med voldgiftsklausuler. Derfor er tilbagebetalingsbeløb, misligholdelse- og omstrukturerings -oplysninger ikke offentligt tilgængelige.

For eksempel resulterede et syndikeret låne-boom i 1970'erne i en hel række finanskriser i begyndelsen af 1980'erne. På det tidspunkt kanaliserede vestlige banker en stor mængde udenlandsk kapital til fattige, men ressourcerige lande i Afrika, Asien og Latinamerika. Det tog over et årti at løse de økonomiske depressioner forbundet med rækken af suveræne misligholdelser. Mange af de samme lande, med korrupte regeringer og uden megen gennemsigtighed eller tilsyn, er nu blevet føde for kinesiske hajer.

Nogle af disse lande var allerede før COVID-19-æraen misligholdt og tæt på klassificering som præ-HIPC (Højt forgældede fattige lande).

De lande, der er blevet hårdest ramt af COVID-19, er latinamerikanske og fattige afrikanske lande, som uden tvivl vil kæmpe med eller helt miste evnen til at tilbagebetale deres lån til Kina. Økonomisk depression resulterer i et accelereret sammenbrud i tilgængeligheden af råvarer, og ressource-produktionen bliver ligeledes påvirket. Uden penge og ressourcer er den finansielle fremtid dyster for de lande som Kina har en økonomisk klemme på.

Gods Must Be Crazy!

Conservative Estimate of Chinese Direct Loans (2017)

Source: CHINA'S OVERSEAS LENDING, Sebastian Horn, Carmen Reinhart and Christoph Trebesch(KIEL WORKING PAPER NO. 2132)

Note: China's activities are secretive and captured only about 50% of total Chinese overseas loans. They exclude Chineseportfolio debt holdings and short-term trade debt. The debt estimates are based on loan-level data. The GDP data is from the IMF World Economic Outlook.

In percent
of recipient GDP

0 - 1%
1 - 5%
5 - 10%
10 - 25%
25 - 100%
No Data

The Gods Must Be Crazy!
Characteristics of Chinese Loan

Source: CHINA'S OVERSEAS LENDING, Sebastian Horn, Carmen Reinhart and Christoph Trebesch(KIEL WORKING PAPER NO. 2132)

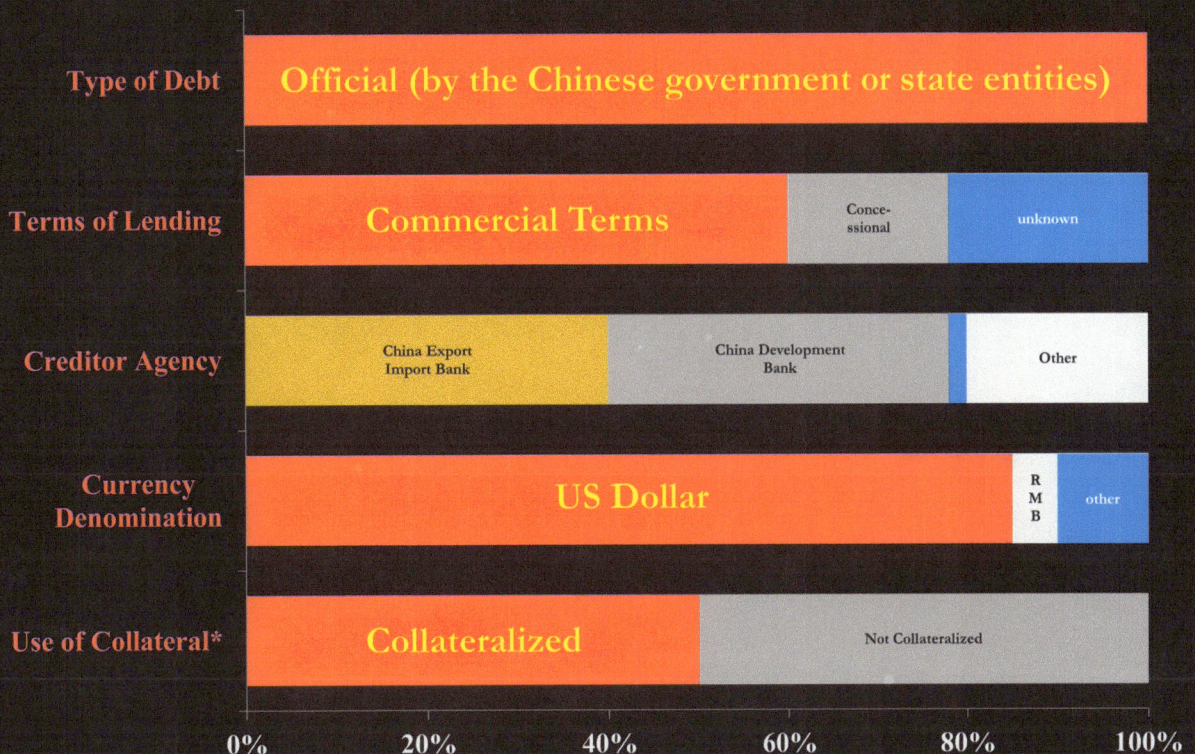

Type of Debt	Official (by the Chinese government or state entities)		
Terms of Lending	Commercial Terms	Conce-ssional	unknown
Creditor Agency	China Export Import Bank	China Development Bank	Other
Currency Denomination	US Dollar	RMB	other
Use of Collateral*	Collateralized	Not Collateralized	

0%   20%   40%   60%   80%   100%

★★★

Det bliver interessant at se, hvad den kinesiske neo-koloniserings-strategi efter COVID-19 kommer til at blive. Hvordan vil de inddrive de pantelån, der er under bordet, underskrevet af korrupt ledelse og betalt med ressourcer, der nu afskrives?

Efter Anden Verdenskrigs afslutning i midten af forrige århundrede, **donerede** USA over 100 milliarder dollars (det amerikanske BNP var på 258 milliarder dollars), fordelt jævnt mellem økonomisk og teknisk bistand for at hjælpe med genopretningen af europæiske lande. Hele verden er blomstret på grund af Marshall-planen[13], og fred og harmoni har hersket i 75 år. Det er på høje tid, at vi skaber koalitionen til at etablere nye Marshallplaner for at redde de lande, der er blevet økonomisk koloniseret af Kina.

> *Det er ligegyldigt om katten er sort eller hvid, så længe den fanger mus.*
> Deng Xiaoping, øverste leder i Kina (1978 -1989)

www.EPMMavericks.com

Digital kolonisering

I de sidste 75 år har amerikanske teknologivirksomheder kontrolleret en betydelig del af verdens digitale infrastruktur. Kina udvider imidlertid deres "Belt and Road Initiative" (BRI) til at omfatte en "Digital Silk Road" (DSR)[4]. Kina har underskrevet DSR-specifikke aftaler med mange lande, og deres infrastrukturprojekter er en form for undergravende virksomhed, der gør det muligt for Beijing at øge dets indflydelse rundt om i verden, uden den store konkurrence. Det er en digital bagdør kinesiske teknologivirksomheder kan bruge til at torpedere vestlige virksomheder. Kinesiske producenter af telekommunikationsudstyr, lagrings-infrastruktur og datacentre sidder i førersædet. DSR planlægger også at levere økonomiske og digitale korridorer via deres egen fortolkning af smart city sensorer til eksport, og IT-platforme, der kan være potentielle nationale sikkerhedstrusler.

Gods Must Be Crazy!

China's Equity Investments(2017)

Source: CHINA'S OVERSEAS LENDING, Sebastian Horn, Carmen Reinhart and Christoph Trebesch (KIEL WORKING PAPER NO. 2132)

Note: This figure shows the geographic allocation of Chinese equity investments, consisting of foreign direct investment and Chinese portfolio holdings of equity instruments issued by non-residents.

Sources: American Enterprise Institute and IMF's Coordinated Portfolio Investment Survey (CIPS).

In percent of recipient GDP

0 - 1%
1 - 3%
3 - 5%
5 - 10%
>10%
No Data

Kinas Digitale Silkevej (DSR) indeholder fire aspekter:

1. Digital infrastruktur som datacentre og optiske fiberkabler muliggør futuristiske teknologiplatforme som IoT (Internet of Things), 5G og 6G.

2. Internationale institutioner, der fastsætter standarder, regler og forskrifter for nye teknologier.

3. Fokus på eCommerce-relaterede teknologier såsom elektroniske betalingssystemer, kryptokurver og digitale frihandelszoner.

4. Den kinesiske strategi om at "genrejse Riget i Midtens storhedstid" er en del af initiativet "Made in China 2025". For at nå dette mål har de investeret kraftigt i "Tusinde talenter-planen"[15] (højtuddannede udenlandske-kinesere skal bringes hjem).

Gods Must Be Crazy!
Standing Credit Line at China's Central Bank

Source: CHINA'S OVERSEAS LENDING, Sebastian Horn, Carmen Reinhart and Christoph Trebesch (KIEL WORKING PAPER NO. 2132)

Note: **This figure shows outstanding swap line agreements between China's central bank (PBoC) and foreign central banks.** Red shaded countries have a standing credit line agreement with the PBoC as of 2017.

In total, China has agreements with more than 40 foreign central banks for drawing rights of 550 billion USD.

The figure also considers the multilateral swap agreements within the so called Chiang Mai initiative and within the Contingent Reserve Arrangement of BRICS countries.

The Gods Must Be Crazy! China's Investment Strategy

Source: CHINA'S OVERSEAS LENDING, Sebastian Horn, Carmen Reinhart and Christoph Trebesch(KIEL WORKING PAPER NO. 2132)

China's Global Infrastructure Footprint

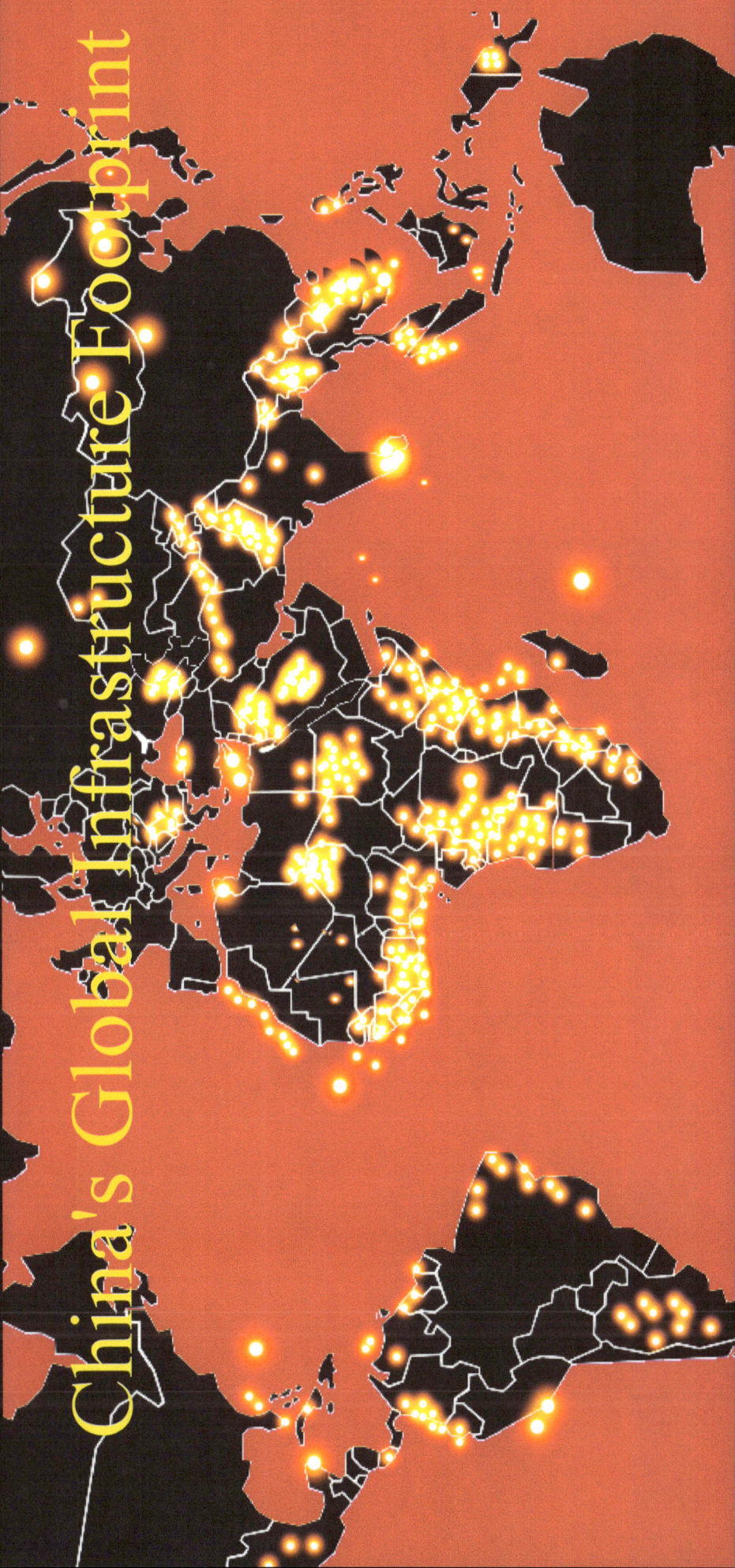

Statsfinansierede finansielle kvasi-kinesiske virksomheder som Huawei og ZTE[16] bygger det meste af Afrikas digitale infrastruktur. Deres fiberoptiske kabler er blevet rygraden i Centralasiens digitale forbindelse. DSR vil give det kinesiske kommunistparti (CCP) gearing i form af kompromater[17] til at manipulere kritiske internationale ledere og virksomheder, opnået gennem deres adgang til følsomme data via harvesting og betydelig data-analytisk kapacitet.

Denne struktur giver CCP en massiv politisk indflydelsessfære. De vil således kunne fastsætte regler og standarder for udførelsen af deres politiske og autoritære ideologier, uden hensyn til værtslandet, dens befolkning eller dens suverænitet. Kinesiske privatlivs-invaderende teknologier såsom ansigtsgenkendelsesteknologi og cyberspionage bruges allerede i vid udstrækning, til overvågning af borgere i mange lande verden over[18].

Ud over kinesisk e-handel, muliggør DSR også telemedicin, internetfinansiering og smart cities. Det mest alarmerende aspekt ved dette er, at det statskontrollerede DSR kan manipulere og høste data fra dets koloniserede borgere gennem kvantedatabehandling, kunstig intelligens og andre nyskabende teknologier[19]. Disse oplysninger kan derefter bruges til Kinas fordel, frem for til befolkningens.

"Forstår du ikke? siger VC, 'gå væk, gå væk'. Det her betyder 'slut' på alle de hvide mennesker i Indokina. Om du er fransk, amerikansk, det er lige meget. 'Smut.' De vil glemme dig. Se, kaptajn. Se, det her er sandheden. Et æg. [knækker ægget og dræner æggehviden] Det hvide er væk, men det gule forbliver!"

——— Fransk kolonist, "Apocalypse Now" (Francis Ford Coppola -film fra 1979) ———

Konkurrenceevne

Den nye silkevej har det primære formål at udvide indflydelsessfæren og dens investeringer i Asien, gennem infrastrukturelle fremskridt såsom "One Belt, One Road" (OBOR) og institutioner som "Asian Infrastructure Investment Bank" (AIIB). Kinesisk kontrollerede AIIB har den højeste kreditvurdering ud af de tre største ratingbureauer i verden[20]. I 2015 svarede denne Beijing-baserede institutions initialinvestering til mindst to tredjedele af kapitalen i den asiatiske udviklingsbank. AIIB's første investering svarer ligeledes til omkring halvdelen af Verdensbankens. AIIB er dermed en direkte trussel mod grundlaget for Verdensbanken og IMF.

I 1960 udgjorde den amerikanske økonomi omkring 40% af verdens BNP. Nu er det mindre end 15% i "Purchasing Power Parity" (PPP) efter IMFs 2020-skøn. Kinas BNP i PPP er imidlertid 20% og stiger stødt.[21] Kinas BNP er vokset femten gange sin egen værdi i løbet af de sidste tredive år. Til sammenligning er det amerikanske BNP kun fordoblet. Samtidig skyder den amerikanske indenlandske ikke-finansielle gæld i vejret. Dette tal ligger i øjeblikket på 80 milliarder dollars, mens den amerikanske føderale balance nu har 7 milliarder dollars i uholdbar gæld.

"*Tab af indkomst, som den private sektor pådrager sig -og enhver gæld, der rejses for at udfylde hullet - skal i sidste ende helt eller delvist absorberes af statens balance. Meget højere offentlige gældsniveauer vil blive et permanent element i vores økonomier og vil blive ledsaget af privat gældssanering.*"

Mario Draghi,
Tidligere præsident for Den Europæiske Centralbank

The Gods Must be Crazy!
The Crocodile from the Yangtze
IMF 2018 GDP in PPP (Trillion $)

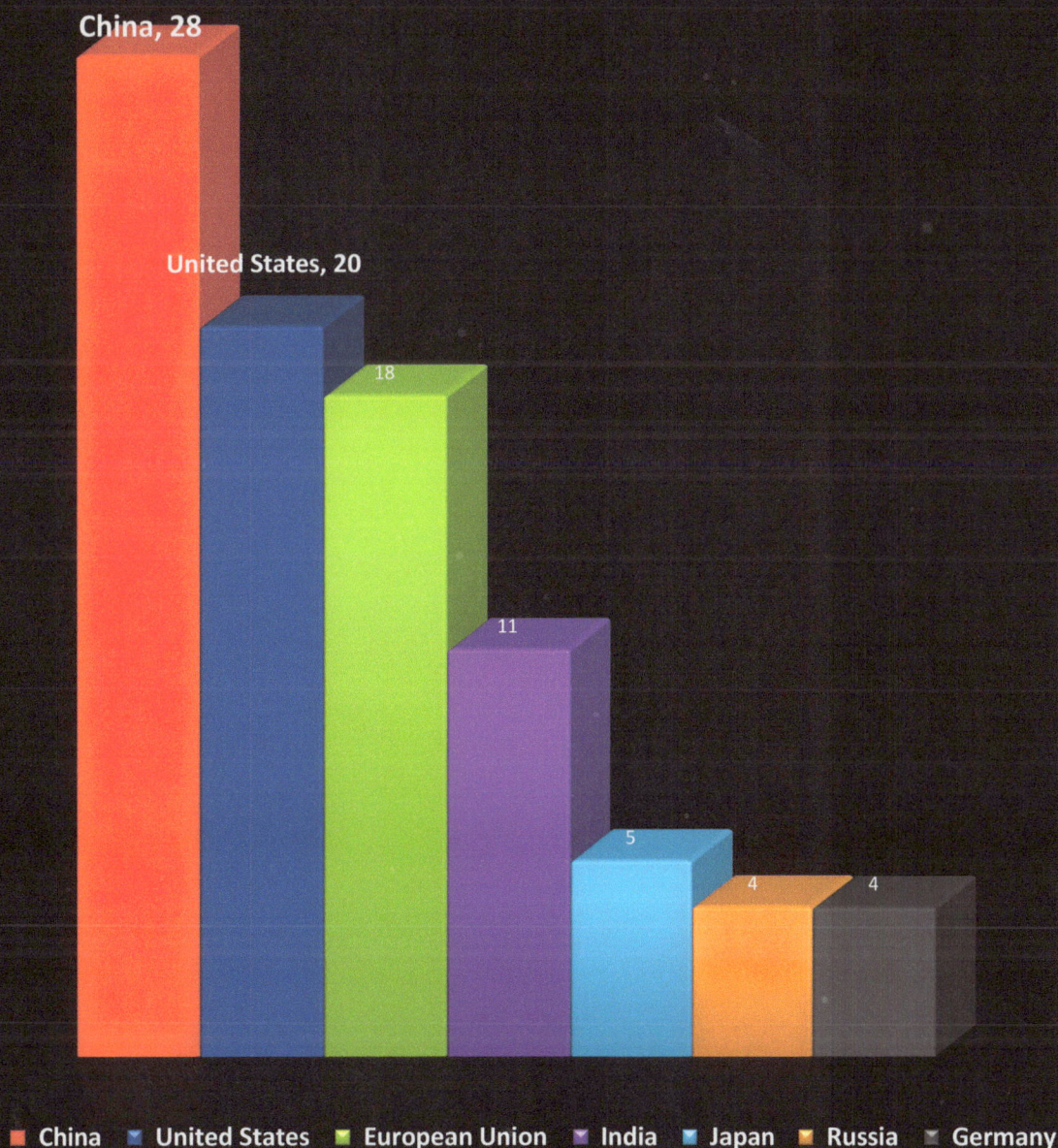

China, 28

United States, 20

18

11

5

4

4

■ China ■ United States ■ European Union ■ India ■ Japan ■ Russia ■ Germany

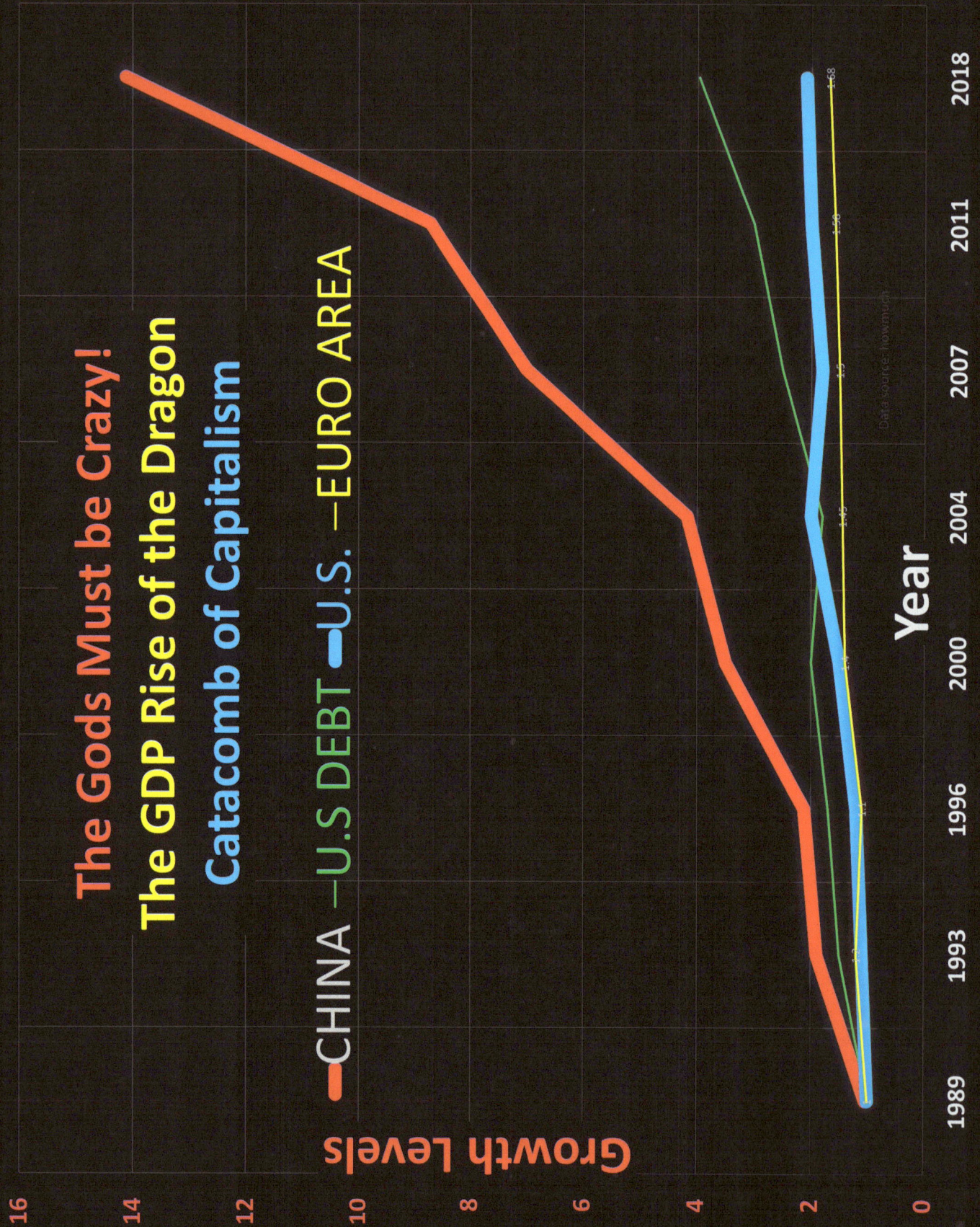

The Gods Must be Crazy!
The GDP Rise of the Dragon
Catacomb of Capitalism

CHINA —U.S DEBT —U.S. —EURO AREA

Growth Levels

Year

16
14
12
10
8
6
4
2
0

1989 1993 1996 2000 2004 2007 2011 2018

Data Source: how much

Der er allerede betydelig frustration i USA, i forbindelse med gennemførelsen af de patetiske nedlukninger som følge af COVID-19 foranstaltninger. For at gøre ondt værre, er en af de økonomiske konsekvenser af corona-virussen en acceleration af formuefordeling til toppen af pyramiden. Dette sammenbrud i global finansiel solvens kan resultere i ufattelige optøjer og anarki, som dem jeg personligt har været vidne til foran mit eget hjem i Chicago og kan udløse borgerkrige globalt. Disse globale begivenheder kan blive meget mere radikale end hvad vi har oplevet i de sidste par uger (maj - juni 2020) og kan i sidste ende have en dybtgående indvirkning på fundamentet under virksomheder rundt om i verden. På samme tid giver Kinas virksomheder de vestlige baghjul.

National sikkerhed

I 2017 spildte USA et hav af penge på forhistorisk militært udstyr og dyrt personale, mens det kinesiske militær kun brugte 87% af det amerikanske forsvarsbudget[22]. De har brugt pengene klogt og strategisk på at overhale USA så hurtigt som muligt, begyndende med deres egen baggård i det asiatiske Stillehavsområde. Kina har et aktivt personale på over to millioner (sammenlignet med 1 million i USA), otte millioner i reservepersonel (mod 800.000 i USA) og over 385 millioner ekstra tropper til rådighed for militæret (sammenlignet med 73 millioner i USA). Mens kineserne har været snu og har lært sig alle aspekter af hvordan USA fungerer, er amerikanske borgere for det meste komplet uvidende om verden uden for deres nations grænser, ud over lufthavnene og nogle få smarte turistfælder. Den amerikanske befolkning risikerer derfor at blive fanget i deres afskærmede elfenbenstårn og grønne zoner, omgivet af en stærkt bevogtet, "great, great, big, beautiful wall."[23][24]

Det amerikanske sundhedsvæsen er ligeledes dårligt konstrueret, socialt uansvarligt, afskærmet, usundt og Nr. 1 i verden når det kommer til spild (ca. 5 milliarder dollars om året). Sektoren drives af en flok "medicinkarteller."[25] Disse lægemiddel- og sundhedsbanditter har "kun" brugt fem milliarder dollars på lobbyvirksomhed siden 1998. Som COVID-19 har afsløret, er USA, selv under den såkaldte Presidential Defense Production Act, et gidsel af Kina når det kommer til 3M-fremstillede ansigtsmasker og grundlæggende personligt beskyttelsesudstyr (PPE).

I USA er 90% af alle recepter fyldt med generiske lægemidler, og hver tredje pille der sluges, produceres af en indisk generisk producent. Indien får omkring 68% af dets aktive farmaceutiske ingredienser (API'er) fra Kina."

undersøgelse fra April 2020 af KPMG
og Confederation of Indian Industry (CII)

New Confirmed COVID-19 Cases per Day, normalized by population

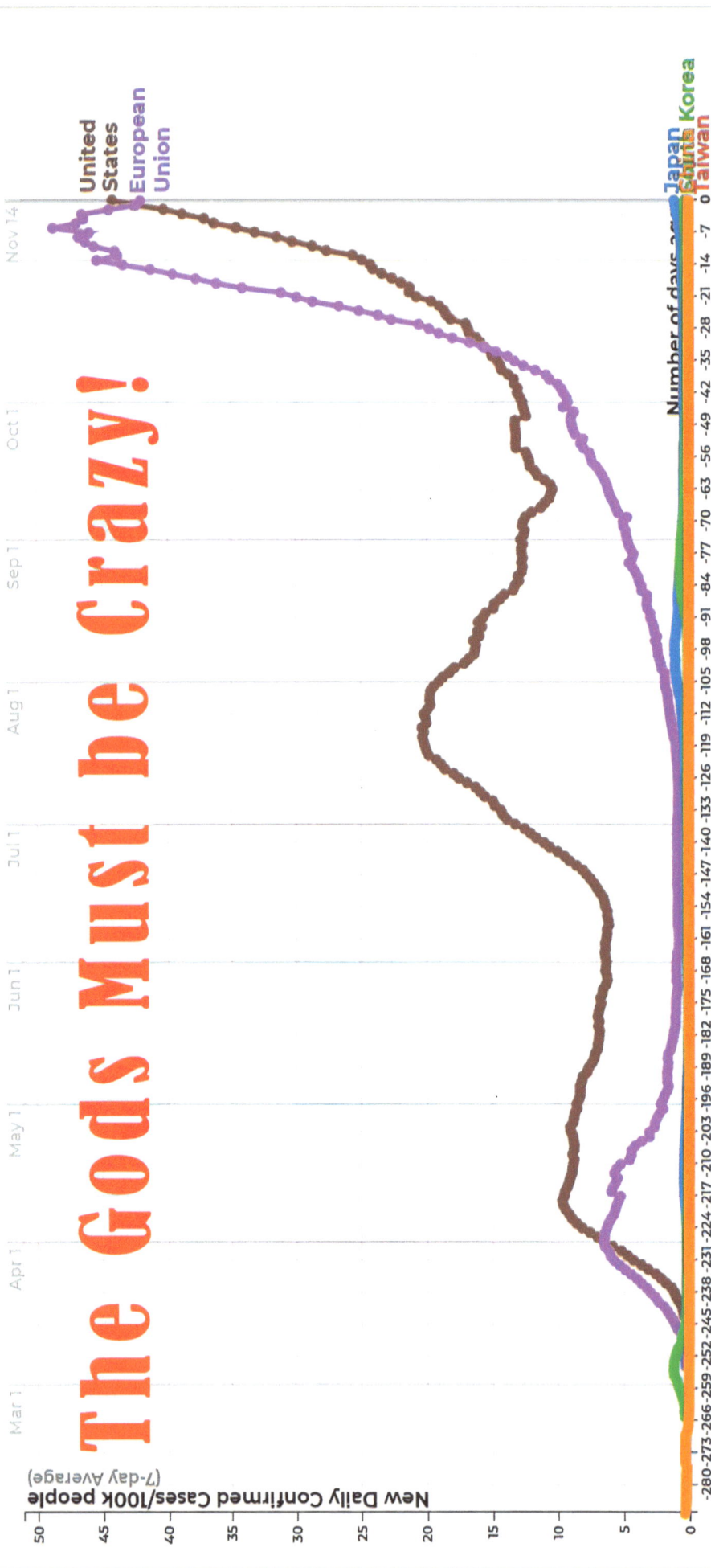

The Gods Must be Crazy!

New Daily Confirmed Cases/100K people
(7-day Average)

United States

European Union

Japan
South Korea
Taiwan

Number of days

Data: Johns Hopkins University CSSE; Updated: 11/15/2020
Interactive Visualization https://91-DIVOC.com/ by @profwade_

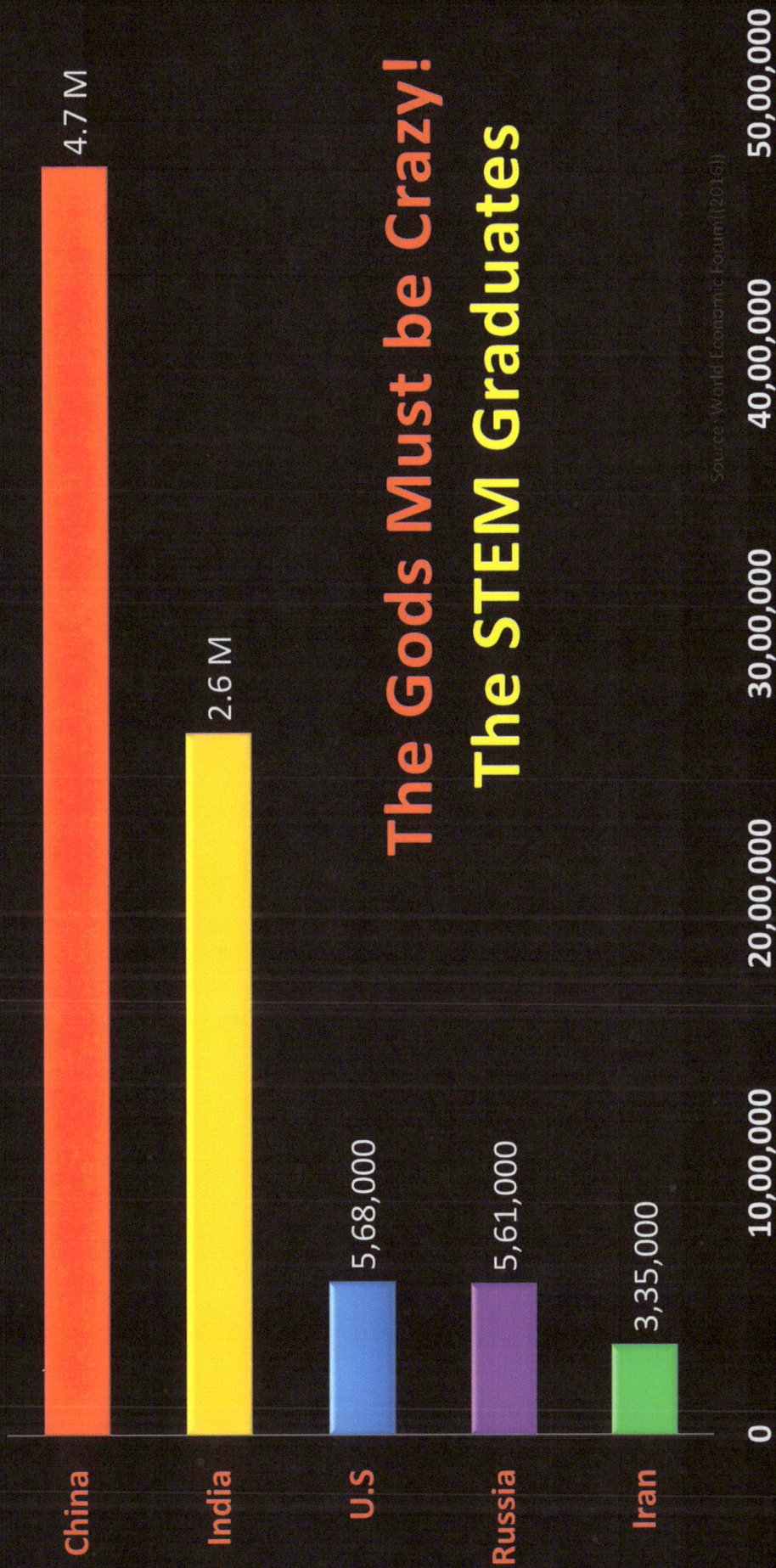

The Gods Must be Crazy!
The STEM Graduates

Source: World Economic Forum (2016)

Avanceret teknologi

Ifølge OECD baserer USA sit finansielle budget på colleges mere end nogen andre lande. Denne dekadence, som f.eks. "manien med atletisk sport" uden ROI (investeringsafkast), fremføres ofte som almen uddannelses-værdi[26]. Desværre uddanner USA et betydeligt lavere antal ingeniører årligt end Kina og endda Indien. Kina har brugt 35 år på at opbygge et patentsystem. Ifølge "United Nations World Intellectual Property Organization" (WIPO) tegnede kineserne sig for næsten halvdelen af de globale patentansøgninger i 2018 og registrerede 1,54 millioner ansøgninger (sammenlignet med under 600.000 fra USA), anført af tele- og computerteknologi.

Fra 2017 til 2018 sendte USA lidt over 11.000 studerende til Kina[27] for at tage en lavere rangerende uddannelse. Til gengæld udgjorde kinesiske studerende over 30% af alle internationale studerende i USA (363.000 studerende) på højteknologiske kandidatgrader og ph.d. uddannelser, og her taler vi altså om de mest prestigefyldte institutioner. Kina bygger et nyt universitet hver uge, og 40 procent tog eksamen i et STEM-emne inden 2013, to gange antallet i USA. Ifølge disse beregninger vil antallet af kinesiske STEM-kandidater stige med omkring 300% inden år 2030.

Avanceret viden har historisk set altid været den drivende faktor i imperiers vækst og tilbagegang. Viden er grundlaget for fællesskabet, og det driver de fleste domæner. Ifølge PISA 2015-rapporten har USA konsekvent rangeret blandt de lavest 15 procent i den udviklede verden.[28]. Uddannelser af ringere kvalitet fører til mangel på muligheder og et ulige samfund. Denne uretfærdige behandling kan føre til civil uro og forårsage alvorlig skade på økonomien og dens virksomheder.

Det har medført at hver tredje amerikanske voksen er blevet anholdt i en alder af 23. Mens USA repræsenterer omkring 4,4% af verdens befolkning, er hver femte fange i verden fængslet i USA. Sorte mænd er seks gange mere udsatte for at blive fængslet end hvide mænd.""[29] Disse uheldige statistikker er årsag til de protester og optøjer, der konsekvent foregår.

> *Hvis vi ønsker at opnå ægte fred i denne verden,*
> *bør vi begynde at uddanne børn.*
>
> — Mahatma Gandhi

Kapitalistisk system

En fisk rådner fra hovedet nedefter. Højesterets Citizens United-dom d. 21. januar 2010 var det sidste søm i kisten på Roosevelts kapitalisme-model. Citizens United-dommen åbnede døren til ubegrænsede valg-bidrag fra virksomheder. De fleste af disse bidrag er blevet kanaliseret af de hemmelighedsfulde grupper kendt som super PACs (Political Action Comitées).[30]

(**Billedkilde:** *Ukendt forfatter, 1931*)

Svinestreger begået i DC og på Wall Street muliggør skattelettelser, bailouts og bonusser til virksomhedsledere, der kvæler gåsen der lægger guldæg (virksomhederne) via aktietilbagekøb og ekstrem financial engineering. Fra 2009 til 2019 udbetalte American Airlines 13 milliarder dollars i aktietilbagekøb, samtidig med at deres frie pengestrøm i samme periode var negativ. De seks store amerikanske luftfartsselskaber brugte 47 milliarder ud af 49 milliarder dollars, de tjente i de sidste 10 år, på aktietilbagekøb.[31] I dag fortsætter intetanende skatteydere med at redde disse personer, og det finansmanipulerende menageri vil snart udnytte dette og gøre katastrofen til en bonus.

"Kapitalisterne vil sælge os rebet, som vi vil hænge dem med."

Vladimir Ilyich Lenin

Samtidig med det, investerer den kinesiske regering billioner af dollars i forskning og udvikling, nye fabrikker, uddannelse af arbejdsstyrken og finansiering af udnyttelse af vestens virksomheder i økonomiske problemer. I disse turbulente tider er selv den saudiarabiske regerings gribbefonde med til ballet - og de sælger shoppingture og opsluger amerikanske kronjuveler for et par millioner dollars. Denne hvalfangsts-liste omfatter USA's næststørste forsvars-leverandør Boeing, som brugte 43 milliarder dollars ud af 58 milliarder dollars i cashflow på aktietilbagekøb inden for et årti[32]. Vores kloge ledere sælger dette land for en håndfuld dollars. Det er et spørgsmål om national sikkerhed. De lukker fortsat øjnene og distraherer de uvidende vælgere ved at kaste godbidder til dem.

"Tilbagekøb er det primære eksempel på en voksende belastning som følge af inkompetence blandt administrerende direktører og blandt bestyrelser."
"På Main Street i dag bliver folk udslettet. Det er ikke de rige administrerende direktører, ej heller bestyrelserne der har frygtelig styring. Det er helt almindelige mennesker."
"Det, vi har gjort, er at uforholdsmæssigt støtte dårligt fungerende administrerende direktører og bestyrelser, og vi er nødt til at skylle disse mennesker ud."
"Lad os være helt klare over hvem vi taler om. Vi taler om en hedge fund der betjener en flok milliardærfamilie-kontorer. Og hvad så? De får ikke en sommer i Hamptons?"
"Det ville være bedre hvis Fed (den føderal regering) havde givet en halv million til hver mand, kvinde og barn i USA."

Chamath Palihapitiya
interview i CNBC (Milliardær, investor og tidligere Facebook vicepræsident for brugervækst)

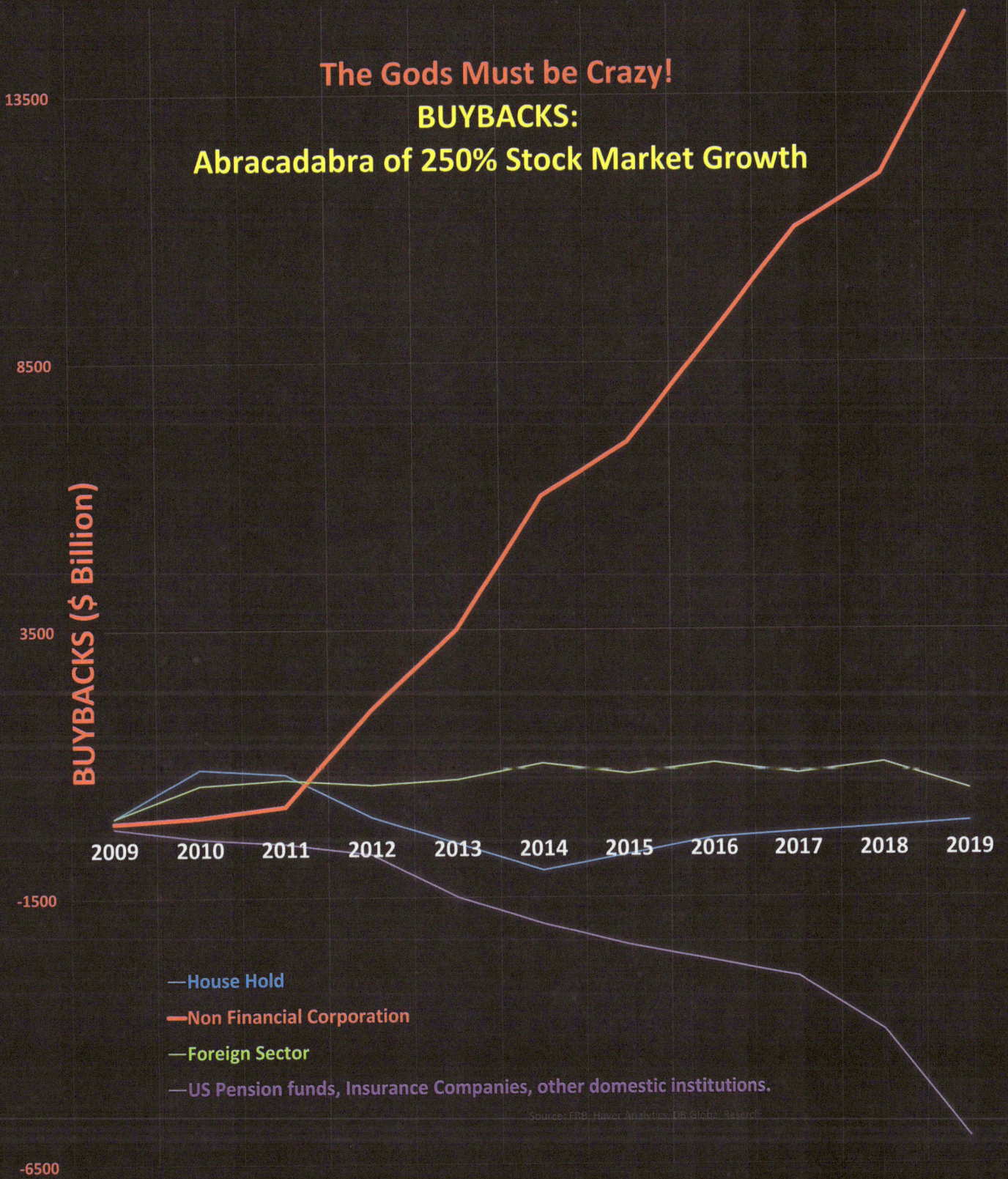

The Gods Must be Crazy!
BUYBACKS:
Abracadabra of 250% Stock Market Growth

BUYBACKS ($ Billion)

13500

8500

3500

-1500

-6500

2009 2010 2011 2012 2013 2014 2015 2016 2017 2018 2019

— House Hold
— Non Financial Corporation
— Foreign Sector
— US Pension funds, Insurance Companies, other domestic institutions.

Source: FRB, Haver Analytics, DB Global Reserch

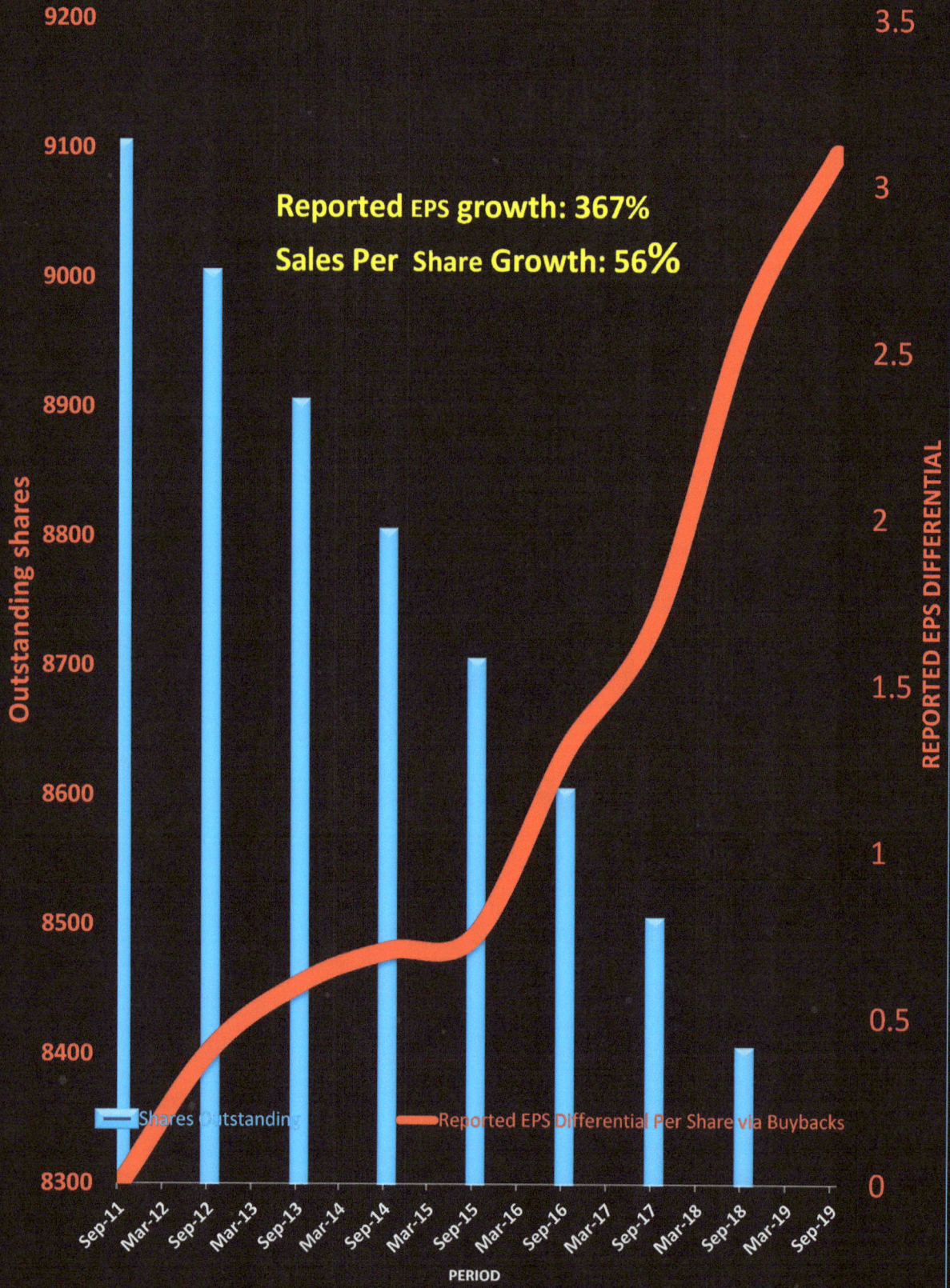

The Gods Must be Crazy!
BUYBACKS: The Accounting Gimmick!
Catacomb of Capitalism?

Reported EPS growth: 367%
Sales Per Share Growth: 56%

Shares Outstanding — Reported EPS Differential Per Share via Buybacks

Source Data: Real Investm

skabt størstedelen af det skel i formue, der findes i dag. Den der har den største del af æren er grund-læggeren af irrationel optimisme, Alan Greenspan, tidligere formand for USA's centralbank fra 1987 til 2006. Rente-styret finanspolitik, helikoptering af penge via kvantitativ lempelse (QE) og køb af finansielle aktiver er gode eksempler. Lånte penge var gratis/billige og blev brugt til tilbagekøb, M&A og forskellige finesser inden for finansiering. Det har ført til over 250% vækst på aktiemarkedet i det sidste årti.

Desværre var det kun de få privilegerede, der havde adgang til gratis/billige penge i den røde del af gra-fen. På trods af nedsivning, oplevede langt de fleste (se den lille gule del af grafen) en devaluering af deres andel af kagen. Nogle få eliter privatiserede effektivt overskuddet og socialiserede skatte- og renteforplig-telserne til afbetaling de kommende år. Når Kina sender deres inkassofolk, bliver det til skatteyderne, der nu sidder fast i tvangsauktions-helveder, ikke de kyndige eliter i deres skattely[33].

USA er den eneste udviklede økonomi, hvor gennemsnitsindkomsten for de fattigste 50% af borgerne er faldet i de sidste tre årtier. Det var dette fortvivlede hvide arbejderklasse-havs utilfredshed, som Donald Trump udnyttede ved valget i 2016. Ud over at spilde dyrebart blod, brændte Amerika også over 5 billioner dollars af på religiøse stammekrige i ørkenerne i Mellemøsten, hvilket gjorde nogle få individer ekstremt rige. Hver eneste borger i den nederste halvdel kunne have modtaget en check på 30.000 dollars, hvis man havde undgået disse krige. I stedet oplevede de fattigste 50% i Kina de tre bedste årtier i 3.000 år. Omkring 800 millioner kinesere blev frigjort fra fattigdom, hvorimod millioner af amerikanske middel-klassefamilier er blevet tvunget mod bunden af pyramiden og er afhængige af madkuponer og anden statslig bistand.

Roosevelt byggede et meritokratisk samfund, der blev et plutokratisk Zamindar[34], og et system, hvis ten-takler strakte sig dybt. Mens Kina drives af de bedste ingeniører og bevæger sig mod det meritokratiske system, udnytter USA's ledere det amerikanske samfunds utilfredshed og vinder valg ved at kaste dem "godbidder" fra skraldet. Det kinesiske system kan ikke ændre kommunistpartiet, men partiet kan stra-tegisk ændre dets politikker og dermed bedst muligt agere med landets langsigtede interesser for øje. I USA kan vi skifte parti ved hver midtvejs- eller fireårige valgcyklus; alligevel sidder vi desværre fast i nogle få lobbyers forældede og snæversynede "Hara-kiri"-politik. Det regelbaserede moralske og etiske kapi-talistiske system, som Roosevelts udviklede, opbyggede et reservoir af velvilje i ind- og udland gennem 75 år. Desværre dræner USA i øjeblikket vandhullet i både ind- og udland med kortsigtede drakoniske politikker.

Den radikale ortodokse form for kapitalisme, der praktiseres i dag af løsslupne finansfolk, fører til gælds-fælder, som bidrager til økonomisk kolonisering, populisme, imperialisme, fascisme, oprør, optøjer, revolu-tioner, krige, konflikter og anarkisme. Som vi har oplevet ved amerikanske primærvalg, vil præsidentkan-didater som Bernie Sanders og Elizabeth Warren og andre, uden held forkynde socialisme (omfordeling af rigdom og samtidig bevaring af demokratiet).

The Gods Must Be Crazy!

Wealth by wealth 1% vs 50%

(US$ Trillions) www.federalreserve.gov

- ■ Top 1%
- ■ Bottom 50%

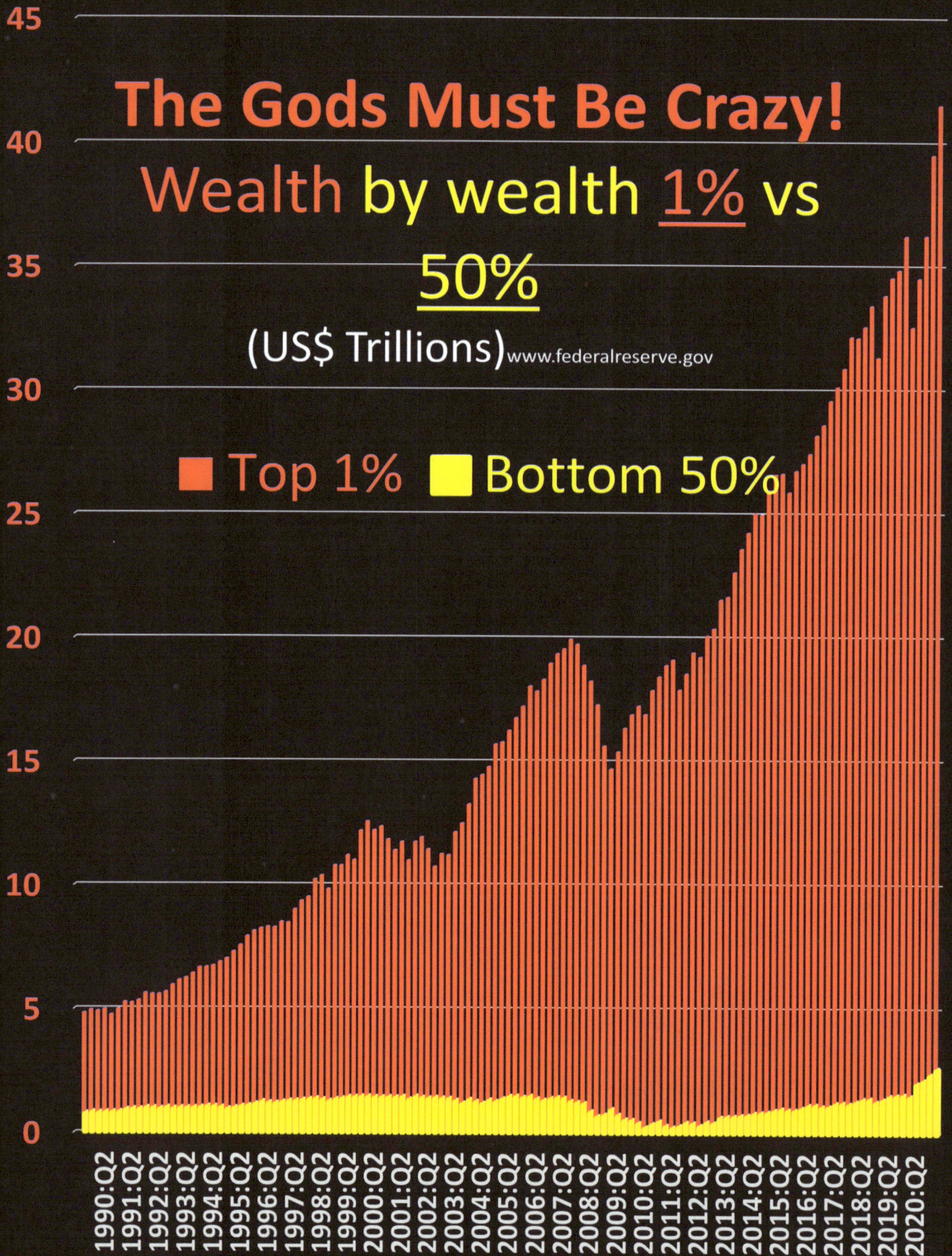

Desværre vil nogle ekstreme venstreorienterede ideologier ty til kommunisme (opdel størstedelen næsten ligeligt), som vi har set det i Venezuela, Zimbabwe og Nordkorea. Lige så bekymrende bliver også mange på det rigtige spektrum til fascistiske militser (autokratisk statskontrolleret kapitalisme), som det var tilfældet med det Tredje Rige (Nazityskland), fascistiske Italien og det kejserlige Japan i 1920'erne og 30'erne.

"Black Swan"-versioner af ekstreme hændelser som COVID-19, der sker under (og forværrer) usikre tider, tjener til at forstærke den selvforstærkende nedadgående spiral eksponentielt. En ny borgerkrig har ulmet i USA siden det økonomiske krak i 2008, hvilket resulterede i massiv formuefordeling. COVID-19-udbruddet, Black Lives Matter-demonstrationer og efterfølgende optøjer holder gløderne i gang i en langsomt ulmende brand. Hvis det ikke håndteres korrekt, vil branden sprede sig globalt, som vi så det med det arabiske forår og vil udløse apokalyptiske tilstande.

Ekstrem financial engineering

Ved at give magten til de få Gordon Gekkos[35] i Elysium[36], lider langt de fleste mennesker økonomisk. Det er kulminationen på illusionen, der er såkaldt globalisering og Roosevelts kapitalisme. **Der er masser af skyld der skal fordeles, og det starter med mig**.

"*Kapitalismens største triumf er dens krisetid[37]*," og en krise er en forfærdelig ting at lade spilde. USA blev en kapitalistisk supermagt, fordi Roosevelt vendte 1. og 2. verdenskrig, den spanske syge, den store depression og andre kriser til muligheder ved at slå det britiske imperium, der i samme periode mistede dets mojo. Det samme gør sig nu gældende med Kina. 11. september 2001, og især den økonomiske krise i 2008, gav USA fantastiske muligheder for at drage fordel af dets unægteligt førende militær, reservevaluta, politisk velvilje og utallige andre ressourcer.

Men lobbyisterne i det rod Washington DC i dag befinder sig i, kaprede i stedet teten, og brugte den til at støtte deres Wall Street-fiflerier (som tilmed var det der i første omgang førte til problemerne) i stedet for at investere i den kritisk smuldrende infrastruktur.

I stedet for at udnytte de fantastiske globale muligheder, tog BIG4 Consulting og finansielle firmaer osv. desværre parasit-ruten. Disse muligheder blev udformet som passiver; fremtiden og muligheder blev omkostningscentre frem for profitcentre. De var velbevandrede i udøvelsen af ekstrem ortodoks financial engineering og fortsatte kursen med at udpine den forværrede kapitalistiske hest for hver en øre, og udlignede al den fremtidige kapitalisme mod øst. Disse metoder, såsom tankeløs benchmarking, transformationer (IT, finansiering, supply chain osv.), skatteeffektiv forsyningskæde-administration (TESCM), Business Process Outsourcing, manipuleret kontraktfremstilling, R&D offshoring, omstruktureringer osv., skabte uoprettelig skade på virksomhedernes modstandskraft. Resultatet er en død kapital-krikke.

Parasitære gribbefonde, finans-pirater og kapitalfonde udnyttede muligheden til at suge alt blod ud af de få tilbageværende virksomheder med fremragende balancer, og gjorde arbejdet færdigt ved at belaste dem med kortsigtet højrente gæld. Selv når den angrebne virksomhed gik konkurs, forlod de parasitiske kapitalfonde skuden med deres blodpenge, takket være forudbetalte gebyrer og renter.

I modsætning til at se det som en mulighed for at geninvestere i deres egne virksomheder, betragtede lederne af disse virksomheder og deres kriminelle bestyrelser det som en mulighed for at sluge de store balancer ved at tilbagekøbe aktier og dermed berige dem selv. Som ved den økonomiske tsunami i 2008 reddede skatteyderne disse zombie-selskaber - hvilket var den store økonomiske fejl der blev begået i Washington DC, hvilket resulterede i privatisering af overskuddet ved at sende regningen videre til skatteyderne.

Ifølge SBA tegner små virksomheder sig for 99,7% af amerikanske arbejdsgivervirksomheder og 64% netto af nye job i den private sektor[38]. På bare et par uger i 2020 lukkede 25% af de små virksomheder og efterlod næsten 40 millioner amerikanere arbejdsløse.

Som leverandører af ideer og faglig forseelse til disse ekstreme finanshajer, er opportunistiske IVY League universiteter også nødt til at acceptere deres andel af ansvaret for svækkelsen af det kapitalistiske fundament, bygget af de tre Roosevelts; Teddy, Franklin og Eleanor. Mange IVY League business school kandidater og forfinede fagfolk, der jagter økonomiske drømme, ender på Wall Street eller hos et BIG4-firma. De fleste crème de la crème-ingeniører ender - for et par dollars ekstra - ligeledes i denne finansmanipulerende praksis.

Så hvad nytte er Wall Street til? Meget af det investeringsbankerne gør, er socialt værdiløst og potentielt farligt for USA og andre globale økonomier. Bortset fra giftige finansielle produkter, hvilke håndgribelige ting designer, bygger eller sælger de? Wall Street er afskåret fra den virkelige verden. De tvang økonomien i knæ og skabte "Too Big to Fail", som socialiserede underskuddene (til skatteyderne) og privatiserede overskuddet. De skabte derivater og andre WMD'er (Weapons of Mass Destruction) og medvirkende til skæv risikotagning på et korrupt marked.

Som det kan ses i nedenstående graf, stammer to tredjedele af omsætningen fra BIG 4 fra revisions- og skatte manipulations-metoder. Revisionspraksis udføres efter virksomhedens død af historiske tal og forhindrer problemer med interne og eksterne krav til overholdelse. Manipulation af skat hjælper også kunder med at udnytte smuthuller i skattefordele, offshore skattely, TESCM (Tax Effective Supply Chain Management) og andre praksisser, der kan være ren gift for skatteyderne. En væsentlig del af deres rådgivningspraksis består af financial engineering. I hvilket omfang vildleder IVY-League institutionerne CSR (Corporate Social Responsibility) og den etiske fremtid af virksomhedspraksis i USA? Eller de er måske endda kun i stand til at være termitter, der æder fundamentet indtil der ikke er mere tilbage?

"Fra 2009-2015 modtog de 50 største amerikanske virksomheder mere end 423 milliarder dollars i skattelettelser og brugte mere end 2,5 milliarder dollars på lobbyvirksomhed i Kongressen for yderligere at øge deres bundlinje."

— Oxfam America —

The Gods Must be Crazy!
BIG4 revenue (2018) by services

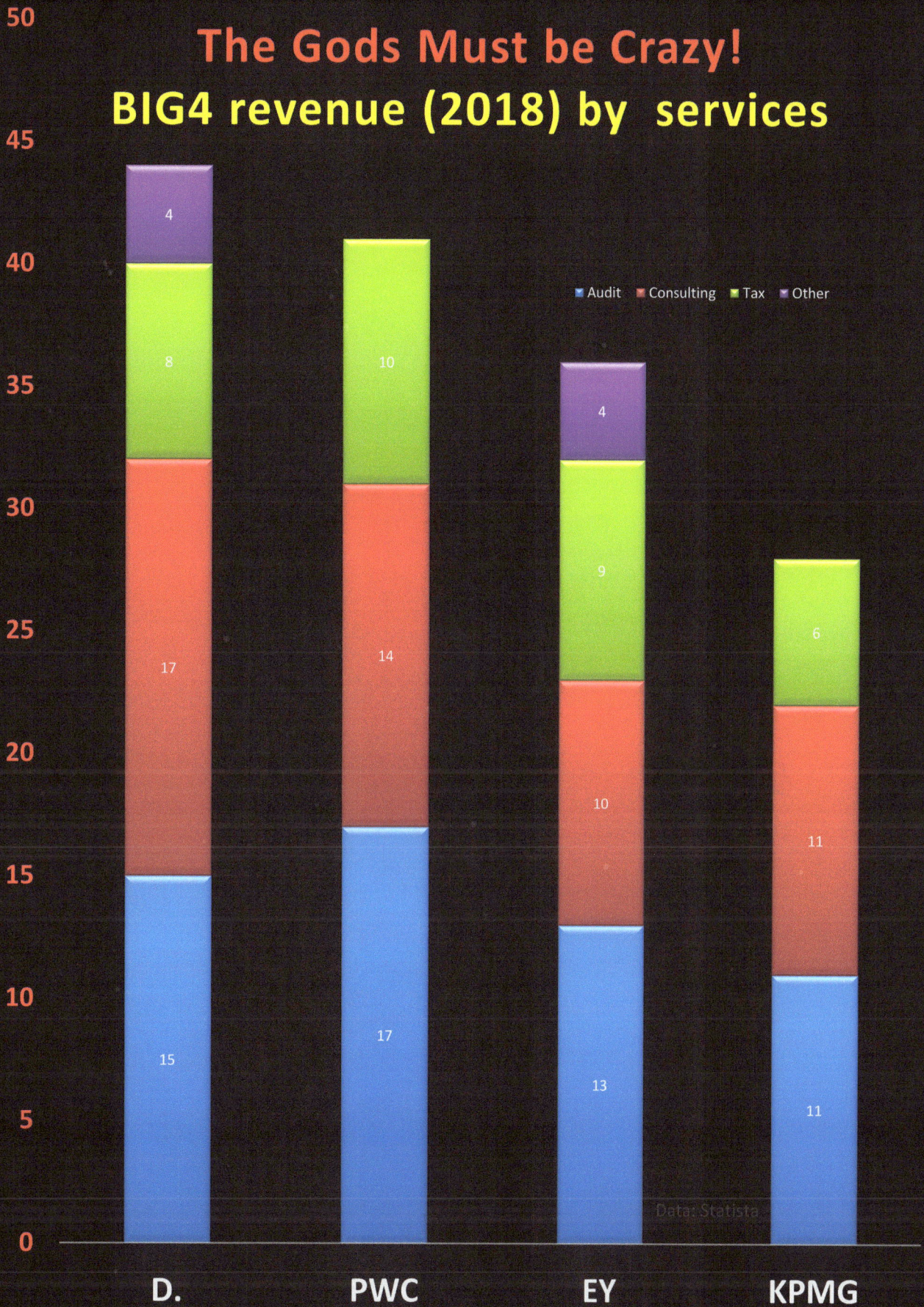

Legend: Audit · Consulting · Tax · Other

Data: Statista

	D.	PWC	EY	KPMG
Other	4		4	
Tax	8	10	9	6
Consulting	17	14	10	11
Audit	15	17	13	11

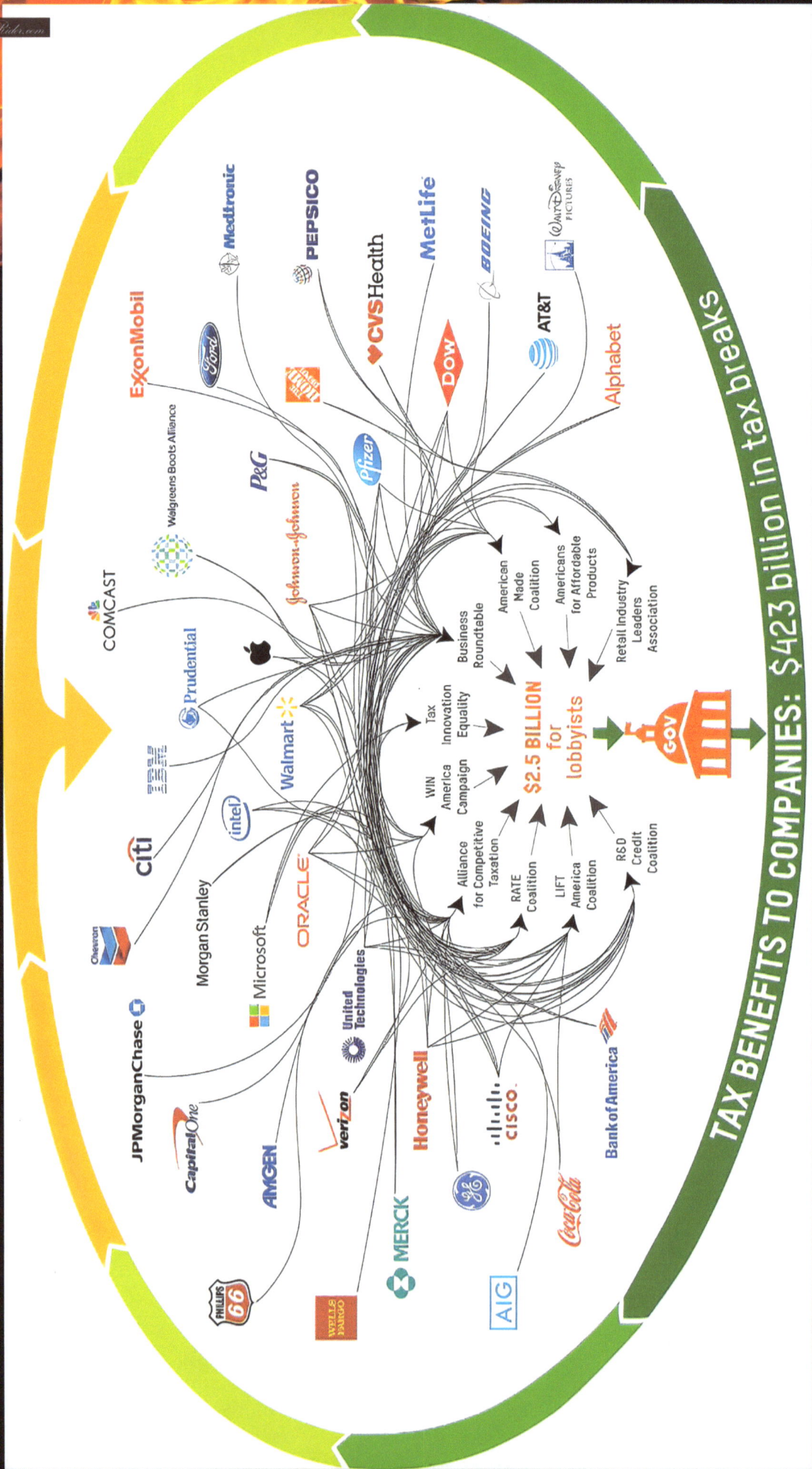

TAX BENEFITS TO COMPANIES: $423 billion in tax breaks

Elysium[39]

Så vores parasitter fik det kapitalistiske fundament som Roosevelt havde opbygget til at styrte sammen. Derfor er vi nu vidner til nationalstatens undergang. I dens sted oplever vi en spektakulær opstigning af en ny klasse af 'Elysium-klassedeling-på-steroider', der har hacket Roosevelts kapitalistiske systems kollapsede fundament.

Ved at kvæle innovation og kapre demokrati, er grupper som FAANG (Facebook, Amazon, Apple, Netflix og Google) ved at udvikle sig til de farligste karteller i verden. Med en samlet markedsværdi på omkring 5 billioner dollars, er de nu en trussel mod hele grundlaget for civilisationen.

FAANGM (Facebook, Amazon, Apple, Netflix, Google og Microsoft) har alene i år lagt mere end én billion dollars til deres samlede markedsværdi. Det er mere end hele markedsværdien af energisektoren S&P 500. Samtidig er realøkonomien ved at kollapse. Samtidig med at det gik strygende for Wall Street og tech-giganterne, bredte elendigheden sig i resten af økonomien, der oplevede det værste kvartal i over 145 år.

En fjerdedel af verdens befolkning er aktive brugere på Facebook. Det kan endda argumenteres, at Facebook fik valgt den forrige amerikanske præsident. Facebooks vicepræsident Andrew Bosworth skrev i et internt dokument, at Trump-kampagnens brug af Facebooks reklame-værktøjer var ansvarlig for Donald Trumps sejr i præsidentvalget i 2016. Det kan endda ske igen. Det vil være interessant at se den amerikanske dollars skæbne, når Facebook koloniserer dets borgere med deres Libra (kryptovaluta) Electro-Dollar.

""Ingen borgerlig diskurs, intet samarbejde; misinformation, mistro. Og det er ikke et amerikansk problem - det handler ikke om russiske annoncer. Det her er et globalt problem.
"Jeg tror, vi har skabt værktøjer, der river det sociale element i, hvordan samfundet fungerer, fra hinanden. De kortsigtede, dopamin-drevne feedbacksløjfer, vi har skabt, ødelægger, hvordan samfundet fungerer. Du er ved at blive programmeret.
"Jeg føler en enorm skyldfølelse. I de bageste, dybe, dybe fordybninger i vores sind vidste vi sådan set noget slemt kunne ske."

Chamath Palihapitiya
(Milliardær, investor og den tidligere Facebooks vicepræsident for brugervækst)

www.E.R.M.Mavericks.com

Viva la Wall Street!

Engang var New York verdens finansielle centrum, fordi USA var verdens førende økonomisk set. Kina har placeret deres forretningscenter i Shanghai, og det er allerede nu begyndt at overhale den amerikanske indflydelse. Efter at have toppet i slutningen af 1990'erne, er antallet af offentlige virksomheder i USA støt faldet. Takket være kapitalfonde, fusioner og opkøb, samt kapitaludstrømninger skrumpede antallet af virksomheder fra over 7.000 til under 3.000. Samtidig gik det kinesiske aktiemarked fra nul til omkring 4.000 virksomheder, foruden de 2.500 børsnoterede selskaber i Hong Kong.

> *"Vi er nødt til at få øjnene op for at de kinesiske virksomheder, delvist med støtte fra statsmidler, i stigende grad forsøger at opkøbe europæiske virksomheder, der er billige at erhverve, eller er i økonomiske vanskeligheder på grund af coronavirus-krisen...*
> *Kina bliver vores største konkurrent i fremtiden, økonomisk, socialt og politisk...*
> *Jeg betragter Kina som Europas strategiske konkurrent, for landet repræsenterer en autoritær samfundsmodel, der ønsker at udvide dets magt og erstatte USA som den førende magt...*
> *Den Europæiske Union bør derfor reagere koordineret og stoppe den 'kinesiske shoppingtur'."*
>
> Manfred Weber,
> (Leder af EPP -gruppen i EU -parlamentet (NPR News 5-17-20))

Der var engang, omkring 1960, hvor den amerikanske økonomi udgjorde ca. 40% af verdens BNP. Desværre, som vi har set, er den faldet til mindre end 15% i PPP. Samtidig buldrer Kinas BNP frem med over 20% af verdens BNP på nuværende tidspunkt. USA's ekstreme og tåbelige grådighed har spildt vores velvilje. Hvis vi ikke får styr på tingene hurtigt, er de amerikanske imperium- og enterprise-dage talte, især i betragtning af at USA i øjeblikket kontrollerer 79,5% af al verdenshandel, takket være deres reservevaluta status (den amerikanske dollar).[40]

The Gods Must Be Crazy!
Digital vs WallStreet vs MainStreet
FANG+ (Tesla, Amazon, Netflix, Alibaba, Baidu, Apple, Nvidia, Google, Facebook and Twitter)

Source(approximate): Bloomberg, NYSE, S&P, KBW.
Index, December 31, 2019 =0

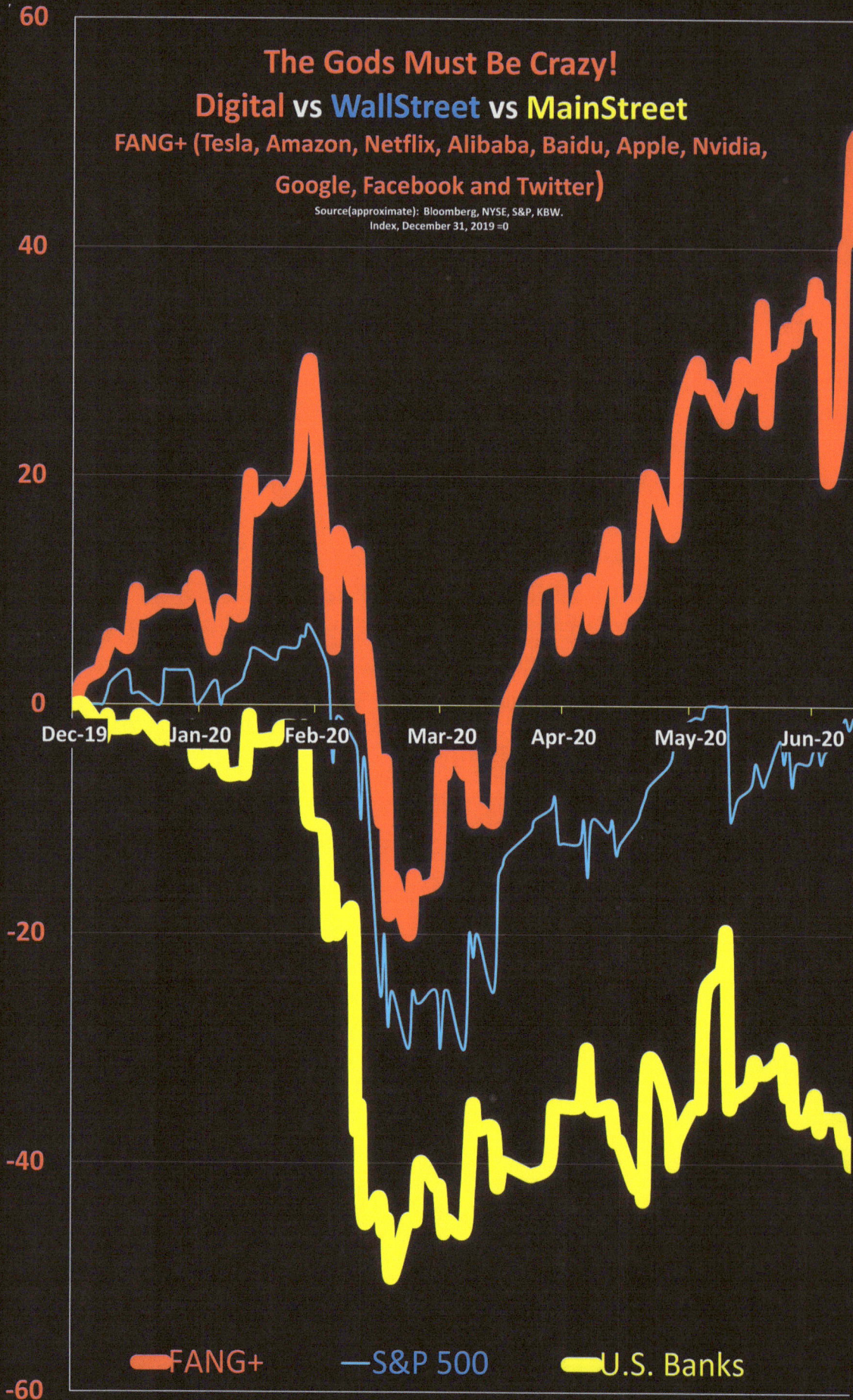

FANG+   S&P 500   U.S. Banks

The Gods Must Be Crazy!
Real Gross Domestic Product
Source: U.S. Bureau of Economic Analysis(FRED, Q2 2020)

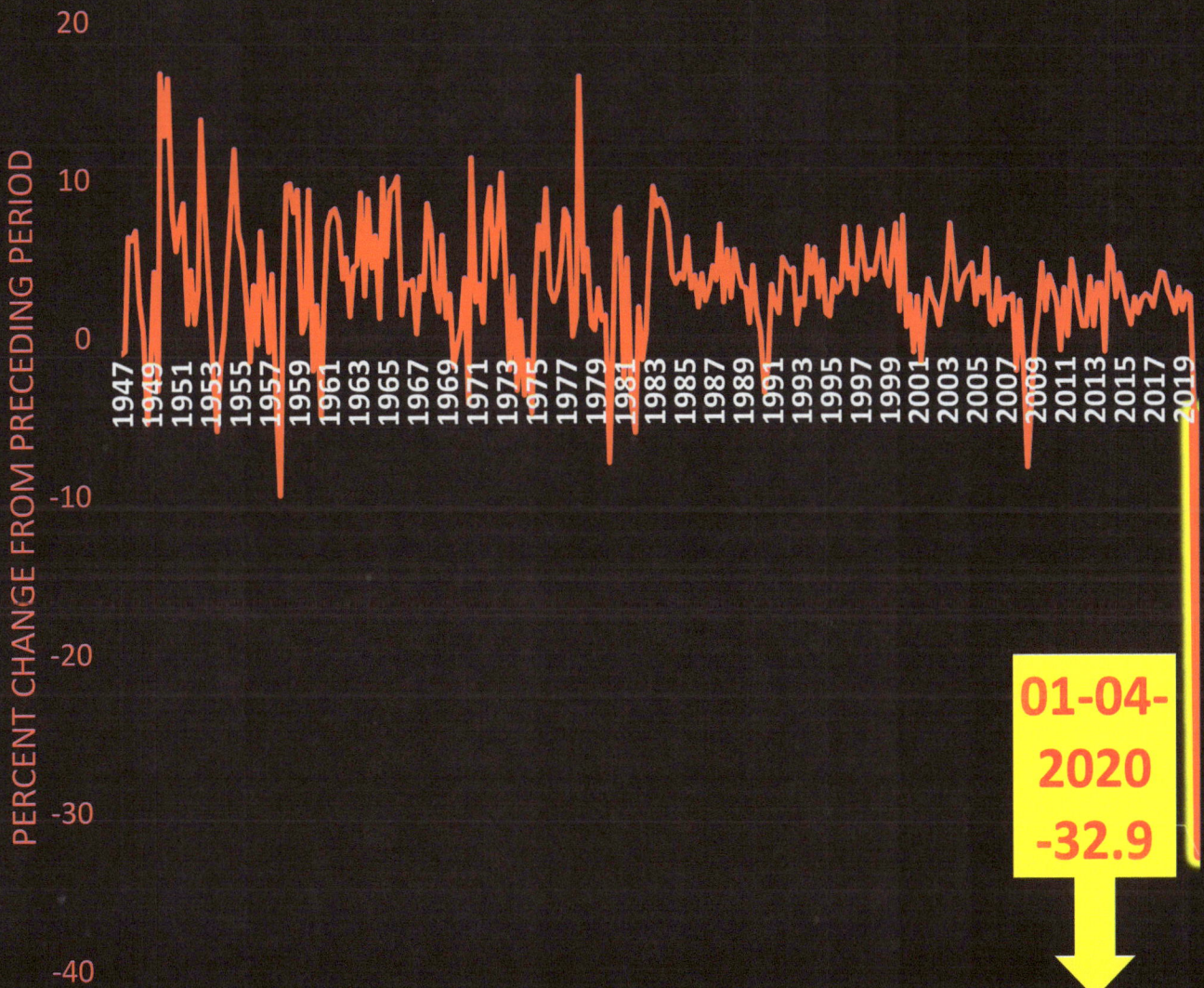

01-04-2020 -32.9

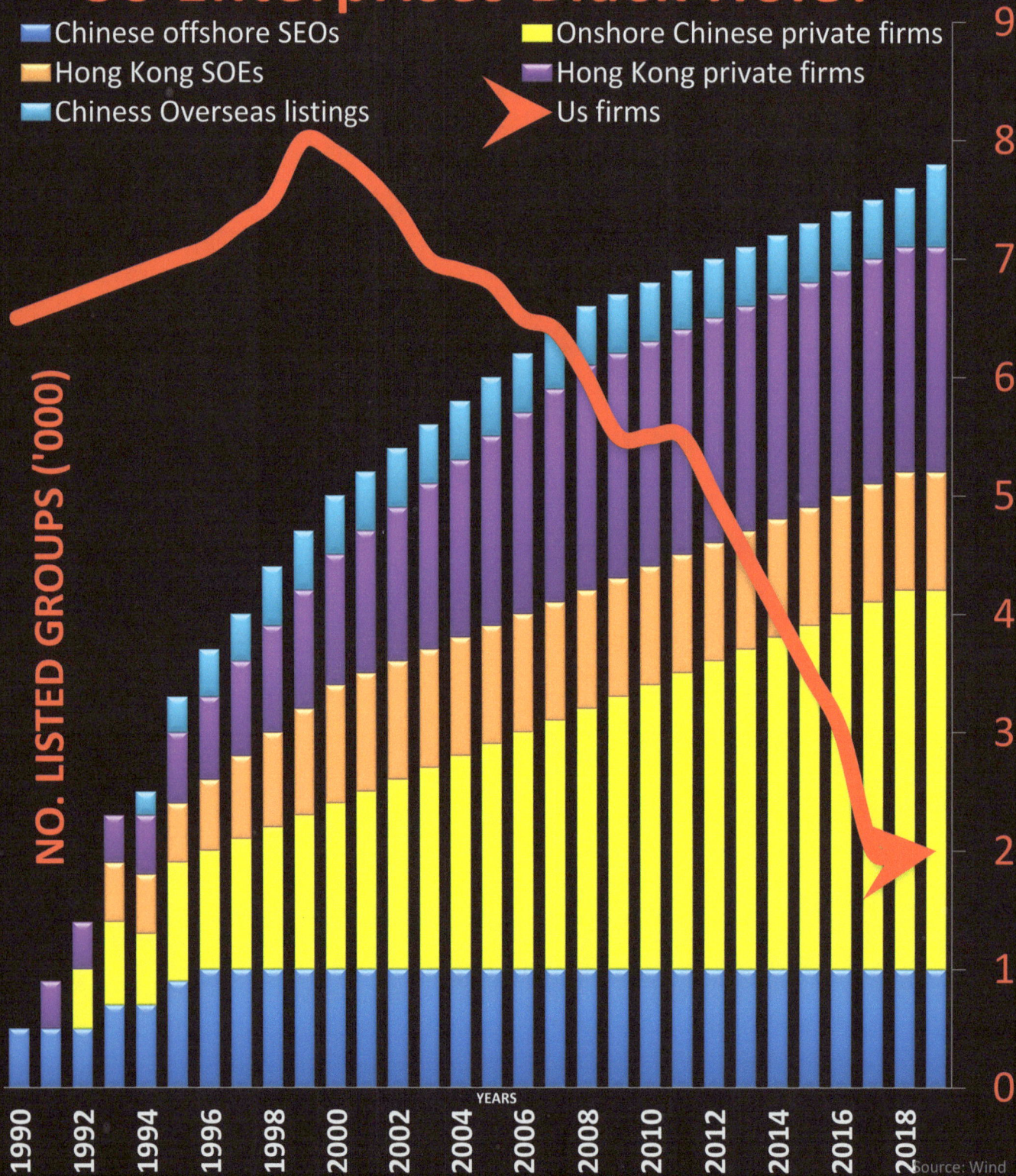

The Gods Must be Crazy!
Catacomb of Capitalism?
US Enterprises Black Hole?

Legend:
- Chinese offshore SEOs
- Hong Kong SOEs
- Chiness Overseas listings
- Onshore Chinese private firms
- Hong Kong private firms
- Us firms

Y-axis: NO. LISTED GROUPS ('000), scale 0 to 9

X-axis: YEARS — 1990, 1992, 1994, 1996, 1998, 2000, 2002, 2004, 2006, 2008, 2010, 2012, 2014, 2016, 2018

Source: Wind

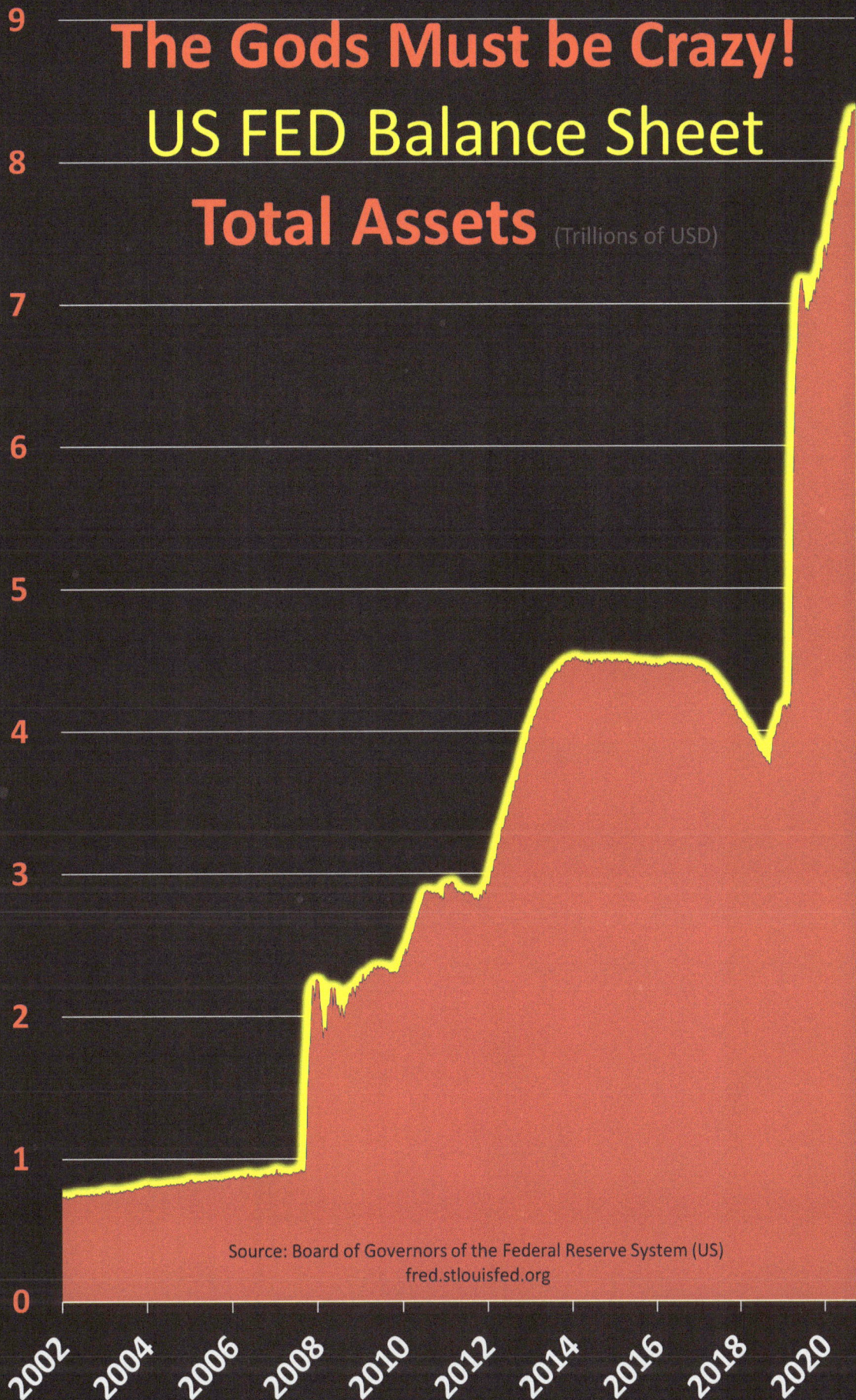

The Gods Must be Crazy!

US FED Balance Sheet

Total Assets (Trillions of USD)

Source: Board of Governors of the Federal Reserve System (US)
fred.stlouisfed.org

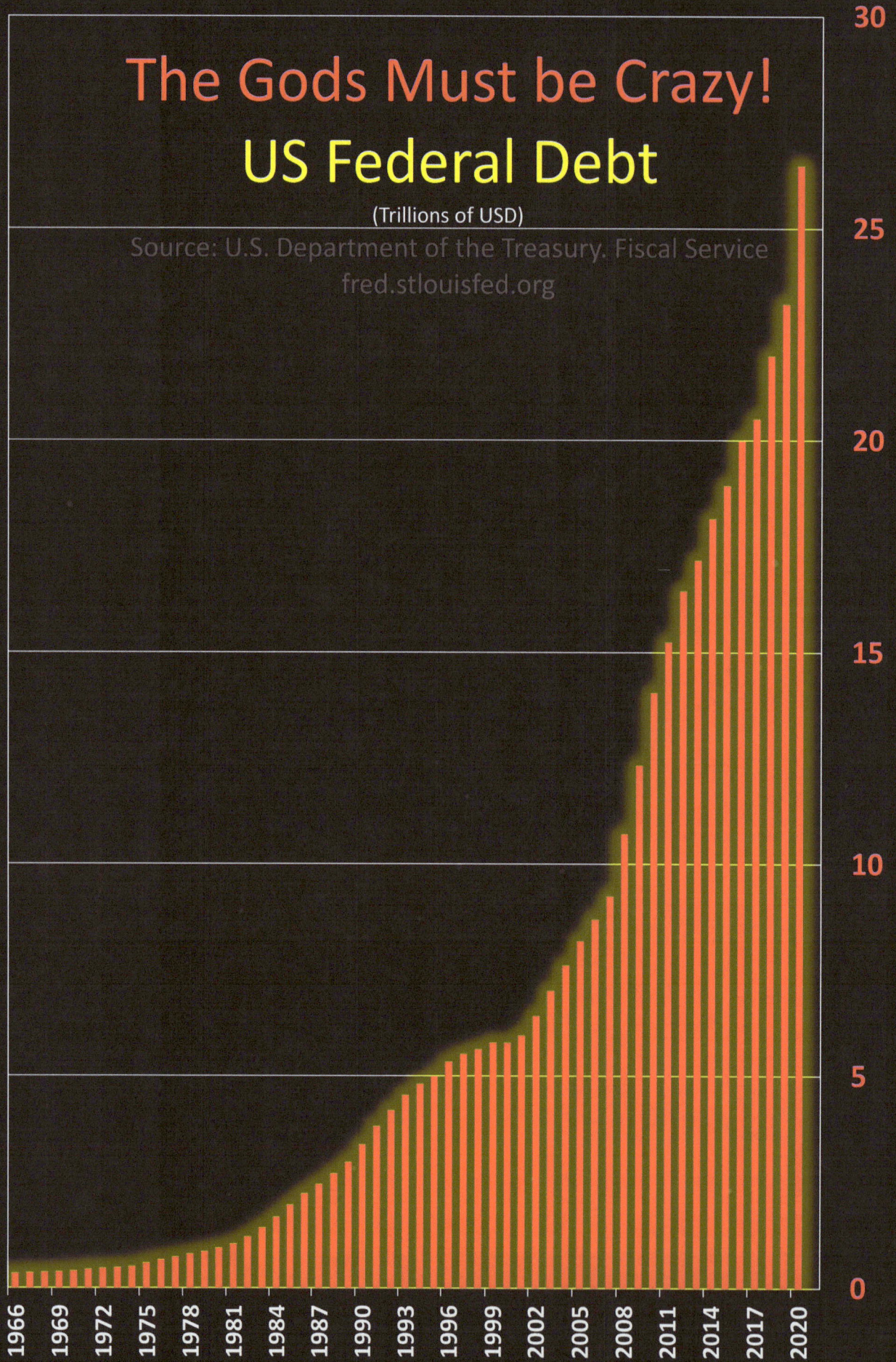

The Gods Must be Crazy!
US Federal Debt
(Trillions of USD)

Source: U.S. Department of the Treasury. Fiscal Service
fred.stlouisfed.org

Det Fjerde Rige

Kort sagt ligner mange vestlige enterprises i øjeblikket dysfunktionelle Frankenstein-zombier fra anden verdenskrig, der drives af en topstyret "good ole boys" klub. I dag er den største markedsvækst, der hvor 96% af verdens 7,8 milliarder mennesker bor. Magtholderne i deres elfenbenstårne begik den fejl kun at fokusere toppen af pyramiden. Vi er nødt til at rekonstruere forretningsverdenen på en sådan måde, at vi kigger på pyramiden nedefra og op.

I 1990'erne knækkede George Soros Bank of England og tjente dermed 3,3 milliarder pund,[41] og han forårsagede ligeledes den asiatiske finanskrise med kun en brøkdel af sin rigdom[42]. Ifølge Oxfam har Apple alene mere end 200 milliarder dollars i offshore-fonde, mens den britiske valutareserve er under 180 milliarder dollars. USA har mindre end 130 milliarder dollars, mens Kina sidder på en honningkrukke med mere end 3.000 milliarder dollars. Som du kan se fra grafen, fordoblede USA næsten den amerikanske Federal Reserve-balance på under tre måneder, ved at akkumulere gæld for tre billioner dollars.

Før eller siden vender hønsene hjem for at lægge æg. Hvor mange dollars ud af den amerikanske gæld på 25 billioner dollars (som omfatter de kinesiske, russiske og saudiske tilgodehavender) ville det kræve for at få den vestlige kapitalisme til at kollapse?

Hvis vi ikke omstrukturerer den 22. århundredes digitale tidsalder, "Noah's New Normal Enterprise Ark", arbejder vi snart som slaver for manden i den høje borg[43], på en måde der minder om Netflix dokumentaren *American Factory*[44]. Coronavirussen kan meget muligt blive det Fjerde Riges trojanske hest.

DEN NUVÆRENDE TILSTAND AF ENTERPRISES

> "Vrede kan med tiden ændre sig til glæde; irritation kan blive efterfulgt af tilfredshed. Men et rige, der én gang er blevet ødelagt, kan aldrig komme igen; og de døde kan aldrig bringes tilbage. Derfor er den oplyste hersker agtpågivende, og den gode general fuld af forsigtighed. Det er måden hvorpå man holder et land i fred og en hær intakt. "
>
> Sun Tzu's The Art of War (476–221 BC)

The Gods Must Be Crazy!

Gaggle of Financial-Engineering Frogs in Debt

Nonfinancial Corporate Business; Debt Securities; Liability, Level (**Trillion $**)

Source: Board of Governors of the Federal Reserve System (FRED, Q1 2021)

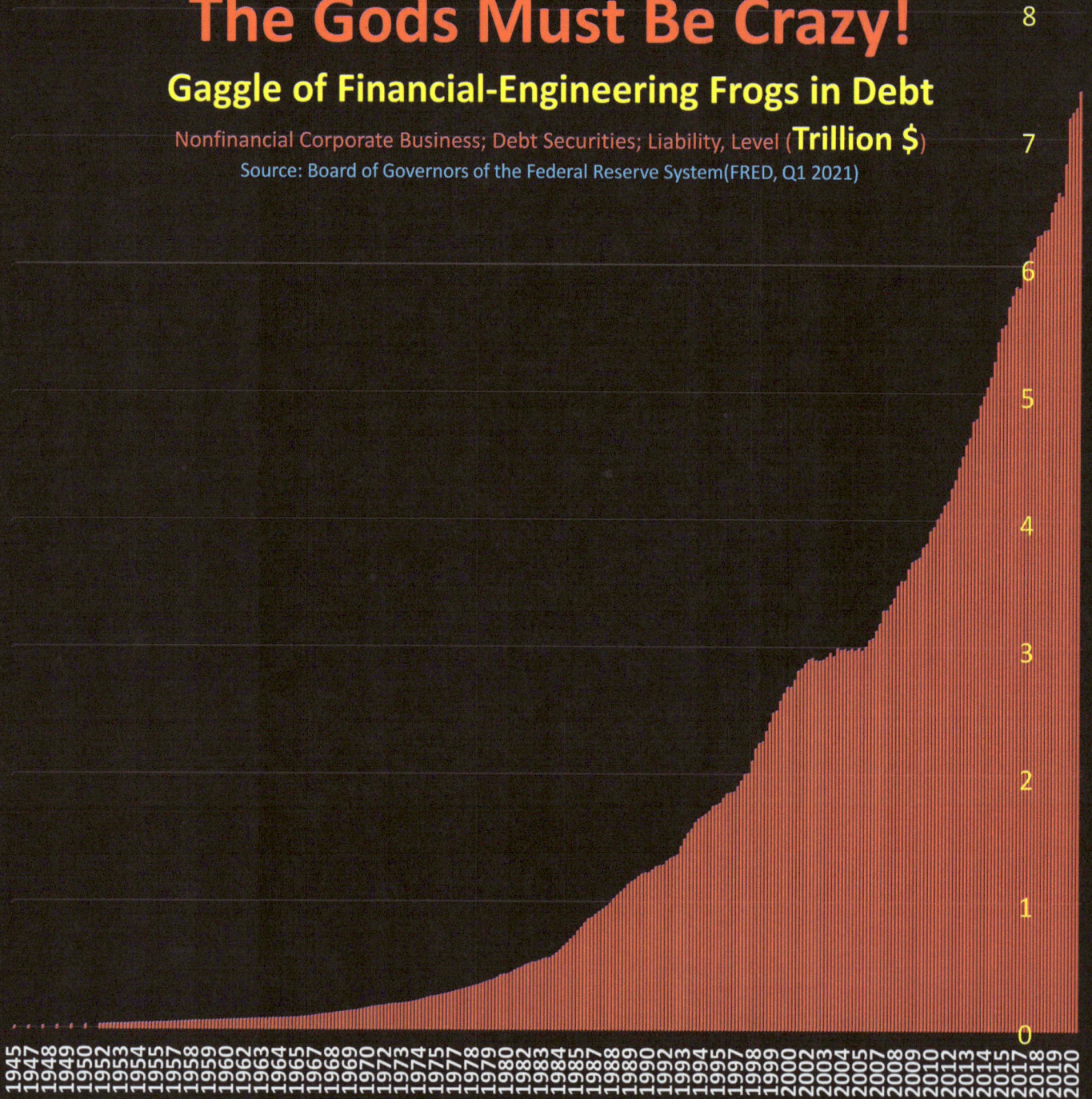

"Alice: Would you tell me, please, which way I ought to go from here?
CAT: THAT DEPENDS A GOOD DEAL ON WHERE YOU WANT TO GET TO.
Alice: I don't much care where.
CAT: THEN IT DOESN'T MUCH MATTER WHICH WAY YOU GO "
— Alice in Wonderland

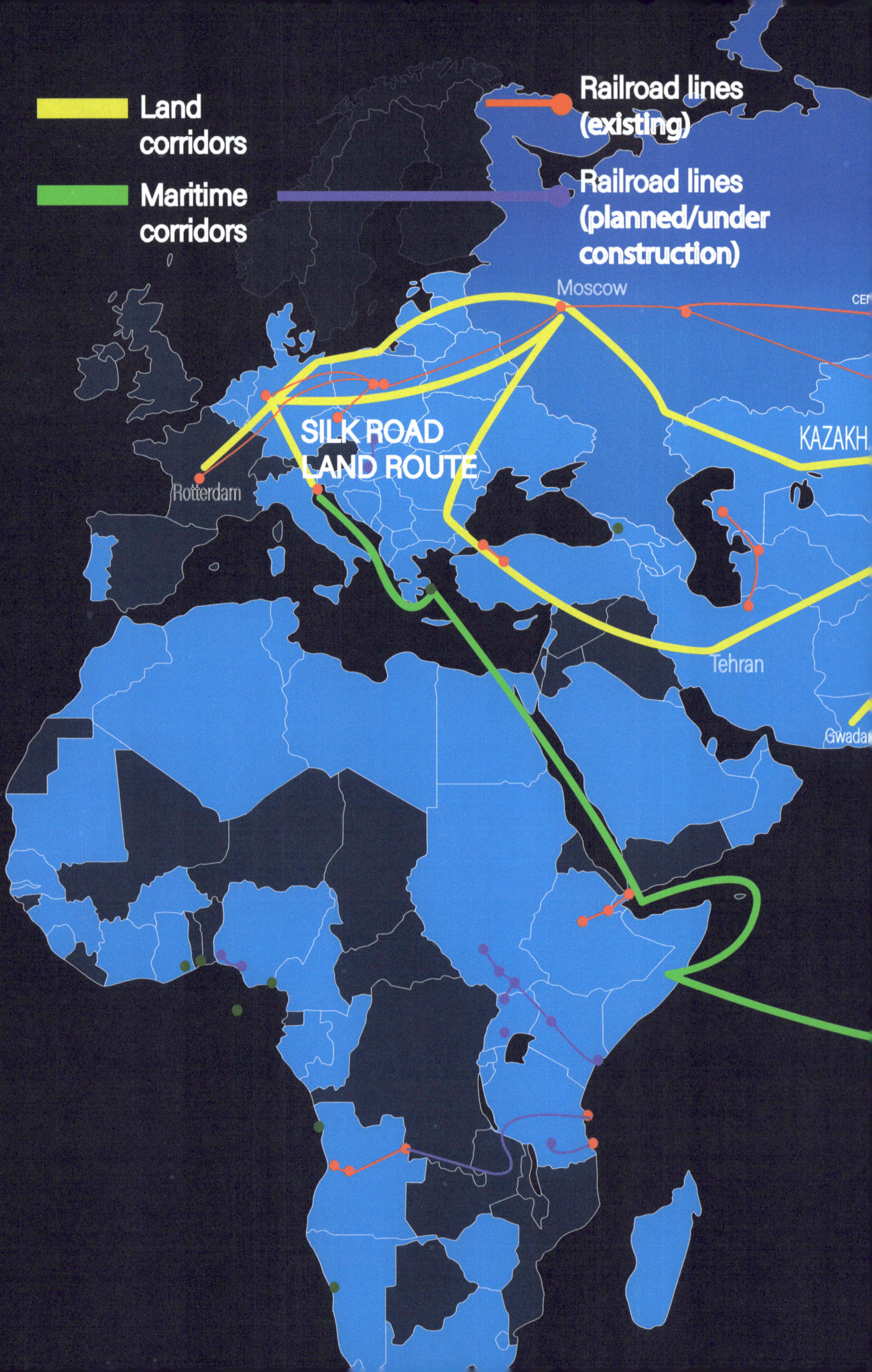

Land corridors

Maritime corridors

Railroad lines (existing)

Railroad lines (planned/under construction)

Moscow

CEN

KAZAKH

SILK ROAD LAND ROUTE

Rotterdam

Tehran

Gwadar

Ports with Chinese engagement (existing)

Ports with Chinese engagement (planned/ under construction)

RUSSIA

XINJIANG REGION

Mongolia

Xian

CHINA

INDIA

Kolkata

MYANMAR

Almaty

Kuala Lumpur

SILK ROAD SEA ROUTE

As of 2013, 82% of China's oil imports and 20% of its gas imports pass through the Strait of Malacca

Sammenfattende svarer virksomhedernes nuværende tilstand til en flok dysfunktionelle zombier fra anden verdenskrig. De styres af en flok elitære gammelmands-klubber der sidder et eller andet sted i et elfenbenstårn. Desværre er resten af verden flyttet videre, og i dag, som tidligere nævnt, foregår størstedelen af markedsvæksten, der hvor 96% af verdens 7,8 milliarder mennesker bor. I vesten yder vi den minimale indsats og har ringe forståelse for situationen, og det udnytter Kina til økonomisk og digital kolonisering. Vi er nødt til at omstrukturere den måde vi driver virksomhed på, til et bund-op-perspektiv. Lederne udklækket i IVY begik den store fejl kun at se på toppen af pyramiden. Her er et eksempel (baseret på min egen erfaring):

★ Såkaldte slange-olie[45] sælgere konstruerer over 75% af de typiske virksomheds-arkitekturer i dag. De er for det meste en flok tudser, der byggede på et kortsigtet fundament. Finans/forretning, IT, implementeringspartnere, offshore -leverandører, store 4 PPT›er, osv. er gennemsyret med rådne politiske egoer.

★ Jo større formuen (virksomhedens størrelse) er, desto mindre ønskværdig er virksomheden.

★ Over 75% af de typiske enterprise-implementeringer er værdiløse.

★ Over 75% af de overlevende virksomheder er dysfunktionelle Frankenstein-zombier fra M&A, reverse fusions, inversion, TESCM, BPO, transformationer, afskedigelser, outsourcing og andre former for overdreven finansieringsteknik.

★ Over 75% af arkitekturen i virksomhederne er fra før www-tiden (World Wide Web) - med andre ord, denne arkitektur er ikke tidssvarende i den digitale tidsalder. IT, traditionelt regnskab og de fleste forretningsfunktioner (især gentagne) er på nippet til automatisering af AI BOT's i skyen. IT/forretningssystemer vil udvikle sig fra Transaktionelle -> Operationelle -> Predictive Analytics AI BOT'er (Robotic Automation i skyen).

Kina bruger billioner af dollars på at støtte deres kvasi enterprises og har allerede langt overgået deres 2025-mål, der blev fastsat af KKP (Kinas kommunistiske parti) i 2015. De har allerede nådesløst elimineret deres vestlige konkurrenter på produkter og tjenester af højere værdi, såsom 5G, teknologi infrastruktur, rumfart og halvledere. De har allerede opnået uafhængighed fra udenlandske leverandører for sådanne produkter og tjenester.

Nu bruger de det til at misbruge de vestlige virksomheders forældede præ-www arkitektur. Vestens firmaer har mistet deres modstandsdygtighed og kan ikke konkurrere med virksomhederne fra øst. Grunden til at vi i dag står vi overfor disse udfordringer, skyldes det korrupte system i Washington DC, kapitalfondenes Gordon Gekko'er og andre corporate raiders (nogle finansieret af kinesere), Twitter-drevne Wall Street-algoritmer og den deraf følgende overdrevne financial engineering.

Vores ledere koblede sig simpelthen fra virkeligheden. De bor i deres uberørte templer bygget af mani-puleret kapitalisme og laver finansielle studehandler. I de seneste ti år er aktiemarkedet skudt op med over 250% uden nogen produktiv vækst, og finans-manipulatorer har benyttet dette til at misbruge den fremragende balance. Det er altså lykkedes dem at ryste selve kapitalismens fundament.

"I et scenarie med en reel økonomisk afmatning der er bare halvt så alvorligt som den globale finanskrise, kan virksomhedernes gælds-risiko (gæld, hvor virksomheder ikke er i stand til at dække deres renteudgifter med deres indtjening) stige til 19 billioner - det svarer til næsten 40 procent af den samlede virksomhedsgæld i de større økonomier - altså over krise niveauer. "

Global Financial Stability Report, IMF (2019)[46]

Mange af nutidens store enterprises er hovedsageligt døde konglomerater fra M&A, Reverse Fusions, In-version, TESCM, BPO, Transformations, Layoffs, Outsourcing og andre former for overdreven financial en-gineering. Hovedparten af disse virksomheder har overladt deres skæbne til kinesiske ejendoms-gribbe (IP) som det kan ses i nedenstående diagram:

"Vi er nødt til at få øjnene op for, at kinesiske virksomheder, dels med støtte fra statsmidler, i stigende grad forsøger at købe europæiske virksomheder, der er billige at erhverve, eller som er kommet i økonomiske vanskeligheder på grund af coronavirus-krisen... Kina vil i fremtiden være vores største konkurrent, økonomisk, socialt og politisk...
Jeg betragter Kina som Europas strategiske konkurrent, en konkurrent der repræsenterer en autoritær samfundsmodel, der ønsker at udvide sin magt og erstatte USA som den førende magt...
Den Europæiske Union bør derfor reagere koordineret og sætte en stopper for "den kinesiske shoppingtur".

Manfred Weber
(Leder af EPP-gruppen i EU-parlamentet (NPR News 5-17-20))

The Gods Must be Crazy!
Typical Empire Rise & Fall

Excessive Financial Engineering

Resilience Engineering

- Penny-Wise, Pound-Foolish Accounting
- Executive Pay on Short-Termism
- BIG4 Consultants PRICE2/PMBOK/SCRUM
- TQM/ISO
- SIX SIGMA
- Cost Cutting (Especially R&D)
- Business Process Outsourcing (BPO)
- Transfer Pricing, Reverse Mergers, etc.
- TAX Effective Supply Chain Management
- BPR Benchmarking
- Contract MFG
- Restructuring
- "Quick wins", "Low-hanging fruit", "Delta", "Lean", etc.
- Transformation
- Stock Buyback
- Layoffs
- PE Leveraged Buyout
- Chapter 11
- IP Vultures (CHINA)

- IPO (Wall Street)
- 2nd GEN Entrepreneur
- 1st GEN Entrepreneur
- Entrepreneurs

Time

Ay Yi Yai Yi! Den nye verdensorden er her!

GUDERNE GÅR AMOK![47]

MIN REJSE FRA KOMMUNISTERNES LAND TIL KAPITALISMENS VUGGE

> *"At kende fjenden giver dig mulighed for at tage offensiven, at kende dig selv gør dig i stand til at stå i defensiven."* Han tilføjer: *"Angreb er forsvarets hemmelighed; forsvar er planlægningen af et angreb."*
>
> Sun Tzu's The Art of War (476–221 BC)

Jeg har en tilståelse; Jeg er en fortabt kapitalistisk cowboy-søn af socialistiske forældre fra Guds eget land, Kerala i Indien. Takket være katolske skoler, drevet af missionærer udsendt af vores europæiske kolonisatorer, er kommunister blevet demokratisk valgt i over et halvt århundrede i Kerala, hvor Marx, Lenin, Stalin og Che blev tilbedt af vores folk som om de var guder. Selvom vi tilhørte middelklassen, havde mine forældre, der begge var lærere, aldrig råd til den luksus det var at holde ferie, så jeg tilbragte de fleste skoleferier i min fars gymnasiebibliotek med at læse vestlige rejsebeskrivelser.

Vi havde ikke noget tv derhjemme, og den eneste film, mine forældre nogensinde tog mig med i biografen for at se, var Gandhi. Ironisk nok blev jeg til sidst den globale EPM-arkitekt (Enterprise Performance Management) i verdens førende inden for showbusiness, AMC Theatres, der var ejet af Kinas - på daværende tidspunkt - rigeste mand. På grund af min frigørelse, eller måske som en hævnakt efter de sidste to årtier, spildte jeg alle de penge min hårdtarbejdende kone tjente på at jage fugle med mit kamera gennem ørkener, i 20 forskellige lande verden over. Takket være det kinesiske GIFT-lederprogram[48] i Cambodjas drabsmarker[49], fandt jeg trøst ved at vandre i junglerne i Chiang Mai, Chiang Rai, Laos og Myanmar på jagt efter slangevin[50]. Mens jeg nippede til slangevinen, undrede jeg mig over, hvorfor disse ressourcerige lande var så fattige? (Ifølge Hernando de Sotos forskning har sådanne lande mere rigdom end de 12 største vestlige aktiemarkeder tilsammen.) Alligevel koloniseres disse lande økonomisk af Kina og tigger almisser fra velgørende vestlige organisationer, der forsøger at vaske deres skyld af.

Nu, i "New Normal"-alderen, hvor verden er ved at miste tilliden til en ureguleret statsvalutaprinter på speed (kvantitativ lempelse (QE)[51]), er et ubrugeligt gult metal (guld) ironisk nok igen ved at blive guldstandarden for nationernes rigdom og *de beskidte rige*. I over et århundrede opsugede USA det meste af verdens erklærede guldreserver - omkring 8.000 tons. De gamle europæiske lande skrabede yderligere 10.000 tons sammen. Tro det eller ej, men ifølge World Gold Council (WGC) gemmer de fattigste af de fattige indiske kvinder mere end 25.000 tons af det samme ubrugelige gule metal ulovligt under deres madrasser (en underjordisk økonomi). På jagt efter svar, blev jeg tilbeder af Hernando de Soto og hans bog *The Mystery of Capital: Why Capitalism Triumphs in the West and Fails Everywhere Else*.

Lad mig dele nogle af mine personlige oplevelser med dette mysterium. Det tog mine forældre næsten tre årtier at bygge deres hjem efter at have sparet 97% af byggeomkostningerne. Det tog dem endnu et årti at tilbagebetale de resterende 3% med en rente på 30% fra lånehajer. Da jeg er en fortabt cowboy-kapitalist, har jeg næsten ikke sparet nogle penge op til dato. For at være ærlig, har jeg kun haft liden tro på dette meningsløse stykke papir, hvorpå der står: *In God We Trust*.

—————————— Hernando de Soto ——————————

(The Mystery of Capital: Why Capitalism Triumphs in the West and Fails Everywhere Else)

Mens alle andre nedjusterede under den økonomiske tsunami i 2008, blev jeg til selve billedliggørelsen af en Gordon Gekko, der søgte at udnytte kapitalismen. Det lykkedes mig at få fingrene i to ikoniske ejendomme i Nordamerika hurtigt efter hinanden (inden for to år, hver med en værdi på over en million dollars). Jeg tog et realkreditlån på 97%, og inden for et par måneder havde jeg refinansieret det og indbetalt over 1000% af forskudsbetalingen i bytte for et dejligt 30-årigt lån til en rente på ~3%.

I modsætning til konventionel visdom, gamblede jeg også på de internationale markeder og dyppede tæerne i valutaernes mudrede farvande, hvilket betalte sig eksponentielt. Jeg har også besøgt Kina et par gange (udover min kinesiske GIFT lederprogram. Jeg var også tidligere ansvarlig for PMI Kina som PMIs asiatiske regionale mentor). Jeg udnyttede det eksplosive marked for ekstrem financial engineering og reinkarnerede mig selv ind i en EPM-karriere gennem den økonomiske krise i 2008 og endte i BIG4-verdenen. Jo mere jeg observerede finansverdenen her i vesten, jo mere desillusioneret blev jeg.

De finansmanipulerende termitter har angrebet den vestlige kapitalistiske mainframe som Roosevelt skabte. Nu kollapser den som et korthus. Kommunistisk autoritarisme (EAST) koloniserer verden økonomisk gennem gældsfælde-diplomati. Efter to årtier lader det til, at jeg bliver nødt til at ride tilbage gennem det samme Mad Max-raseri og klatre gennem de kapitalistiske murbrokker fra Roosevelts arv.

Ay Yi Yai Yi! Den nye verdensorden er her!

DEN NYE VERDENSORDEN

> "Al krigsførelse er baseret på bedrag. Derfor, når vi er i stand til at angribe, må vi virke ude af stand; når vi bruger vores kræfter, skal vi virke inaktive; når vi er nær, må vi få fjenden til at tro, at vi er langt væk; når vi er langt væk, må vi få ham til at tro, at vi er nær."
>
> Sun Tzu's The Art of War (476–221 BC)

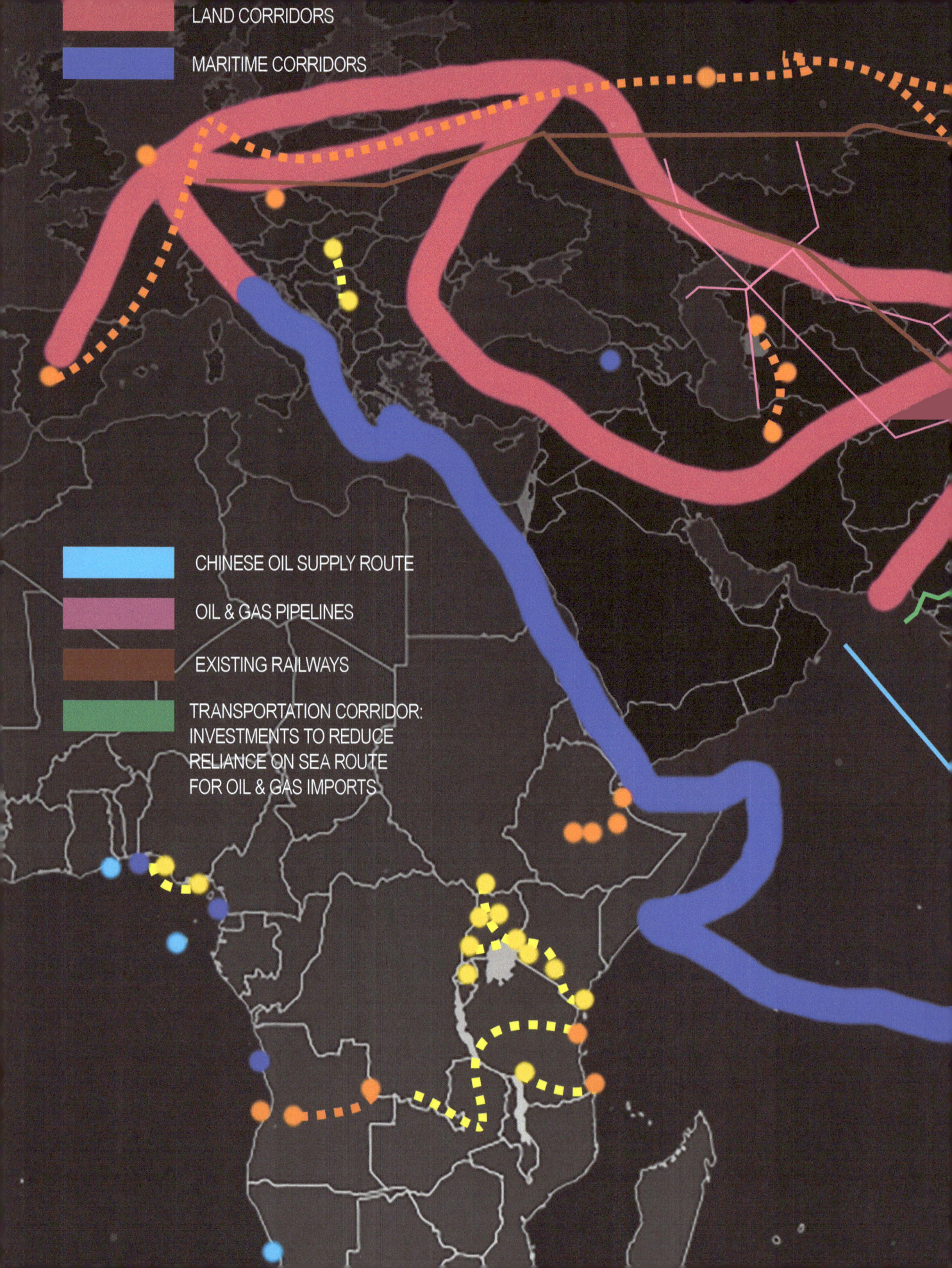

LAND CORRIDORS

MARITIME CORRIDORS

CHINESE OIL SUPPLY ROUTE

OIL & GAS PIPELINES

EXISTING RAILWAYS

TRANSPORTATION CORRIDOR:
INVESTMENTS TO REDUCE
RELIANCE ON SEA ROUTE
FOR OIL & GAS IMPORTS

PORTS WITH CHINESE ENGAGEMENT
EXISTING

PORT WITH CHINESS ENGAGEMENT
UNDER CONSTRUCTION

RAILROADS LINE
EXISTING

LAND CORRIDORS
UNDER CONSTRUCTION

CITIES IN THE GLOBAL TOP 50
IN NUMBER OF HIGH INCOME
HOUSEHOLDS

CITIES IN THE GLOBAL TOP 50
IN NUMBER OF MIDDLE INCOME
HOUSEHOLDS

Mens jeg var lukket inde på grund af COVID, havde jeg muligheden for at analysere, hvordan jeg var endt her, i selve indbegrebet af kapitalisme. Takket være Roosevelts blev USA et usædvanligt imperium for et århundrede siden. Desværre lader det til, at goderne nu er flyttet tilbage dertil, hvor jeg selv kom fra (østen).

Jeg har en god forståelse for, hvordan og hvornår imperier stiger og falder. De mest fremtrædende enterprises til dato, det hollandske ostindiske kompagni fra det 17. århundrede (~10 billioner dollars) og det britiske ostindiske kompagni fra det 18. århundrede (~5 billioner dollars), tjente deres formuer via piskning (kolonisering) og tyveri fra mine forfædre. Disse virksomheder og imperier eksisterede begge i omkring 200 år.

Den tankevækkende fortælling om deres fremgang og fald vakte min nysgerrighed. Hvordan sammenligner deres fortællinger sig med enterprises i det nuværende imperium? Det stod hurtigt klart, at det næste autoritære kejserdømme banker på vores dør, for igen at kolonisere os økonomisk (og digitalt), ligesom det der skete for mine bedsteforældre. I tiden efter COVID, hvor Kina er på en ekstremt accelereret kurs, frygter jeg, at vi sidder i saksen. Med den blodige historie i mente, kan jeg ikke lade være med at gruble over hvilken slags fremtid der ligger forude.

The Gods Must be Crazy!

The Phoenix: Fall & Rise

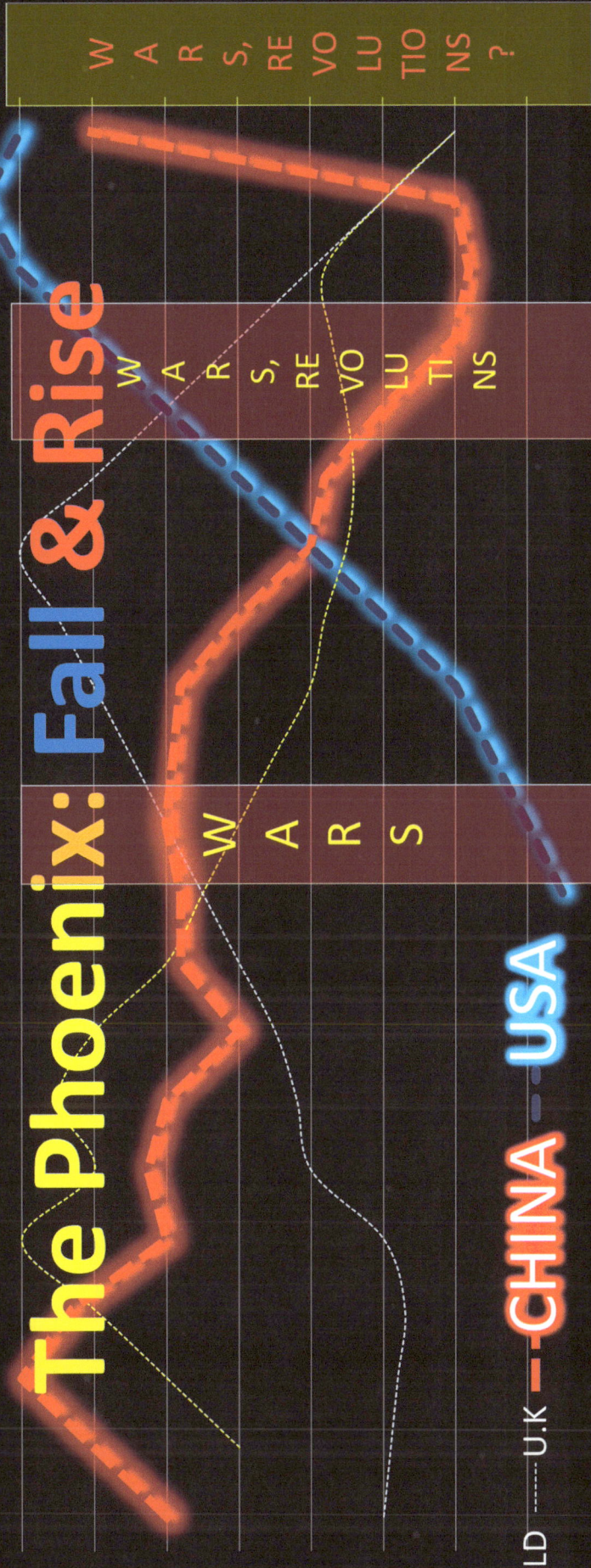

WARS, REVOLUTIONS?

WARS, REVOLUTIONS

WARS

WORLD ----- **U.K** ---- **CHINA** ---- **USA**

1500 1525 1550 1575 1600 1625 1650 1675 1700 1725 1750 1775 1800 1825 1850 1875 1900 1925 1950 1975 2000

YEAR

Adapted Source Data: The Changing World Order by Ray Dalio

Ay Yi Yai Yi! Den nye verdensorden er her!

$INDU Dow Jones Industrial Average INDX
20-Mar-2020
Open 25590.51 High 27102.34 Low 18917.46 Close 19173.98 Volume 10.8B Chg -6235.38 (-24.54%)

— $INDU (Monthly) 19173.98
Volume 10.80B

© StockCharts.com

EPM
(Financial Engineering Era)

"The corporation as we know it,
which is now 120 years old,
Is not likely to Survive the next 25 years.
Legally & Financially, Yes,
But not Structurally & Economically."
-Peter Drucker

Dawn of Systems (IT)
(RIP Bretton Woods Gold Standard)

"We have gold because
We cannot TRUST governments"
-President Herbert Hoover

Origins of Enterprise
(DowJones)

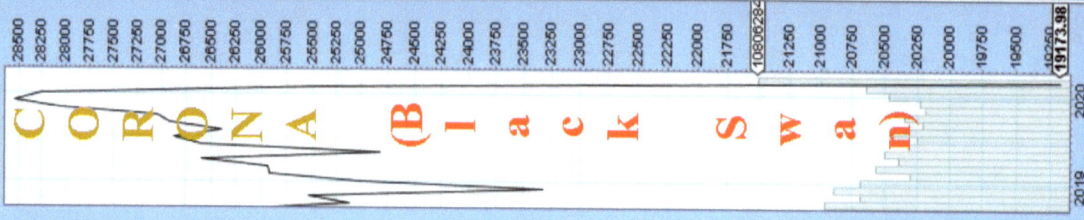

CORONA (Black Swan)

DEN NYE ENTERPRISE ORDEN

★★★

Jeg vil teste min hypotese ved hjælp af en forudsigelse af min favorit MBA-management guru for to og et halvt årtier siden:

"Selskabet, som vi kender det, som nu er 120 år gammelt,
Vil sandsynligvis ikke overleve de næste 25 år. Lovligt og økonomisk,
ja, men ikke strukturelt og økonomisk."

—— Peter Drucker, Circa 2000 ——

★★

"Ethvert splittet kongerige, går til grunde,
og ingen by og intet hus, der er i krig med sig selv, vil bestå"
Sun Tzu's The Art of War (476–221 BC)

Min hypotese, som jeg har udviklet siden den sidste økonomiske tsunami, der var afhængig af Dow Jones-indekset, er illustreret herunder:

Centrale principper i hypotesen

Virksomheders overlevelse afhænger, som en navlestreng, af økosystemernes succes omkring det. Økosystemet afhænger uden tvivl af dets sponsorerende fadder imperium.

Jeg tror, at fadder imperiets overlevelse afhænger af særlige mål for styrke, som er:

1. Ledelse
2. STEM (videnskab, teknologi, teknik og matematik) Uddannelse
3. Forskning og strategisk teknologi
4. Infrastruktur arkitektur
5. Digital arkitektur
6. Videnshåndtering
7. Diplomati
8. Verdensvaluta Guldstandard
9. Elektro-dollar
10. Finansiel kapital
11. Sikkerhed
12. Transformative og storslåede digitale strategier og regler

Billedet herunder viser, hvordan forskellige fadder imperiers fremgang og fald er sket i de sidste fire århundreder.

The Gods Must be Crazy!
Typical Empire Rise & Fall

Excessive Financial Engineering

- Sovereign Vultures (CHINA)
- Wars & Revolutions
- Restructuring
- Financial Engineering
- Gordon Gekko

Time

- Comfort Zone
- Honeymoon
- New Normal
- Entrepreneurs

Resilience Engineering

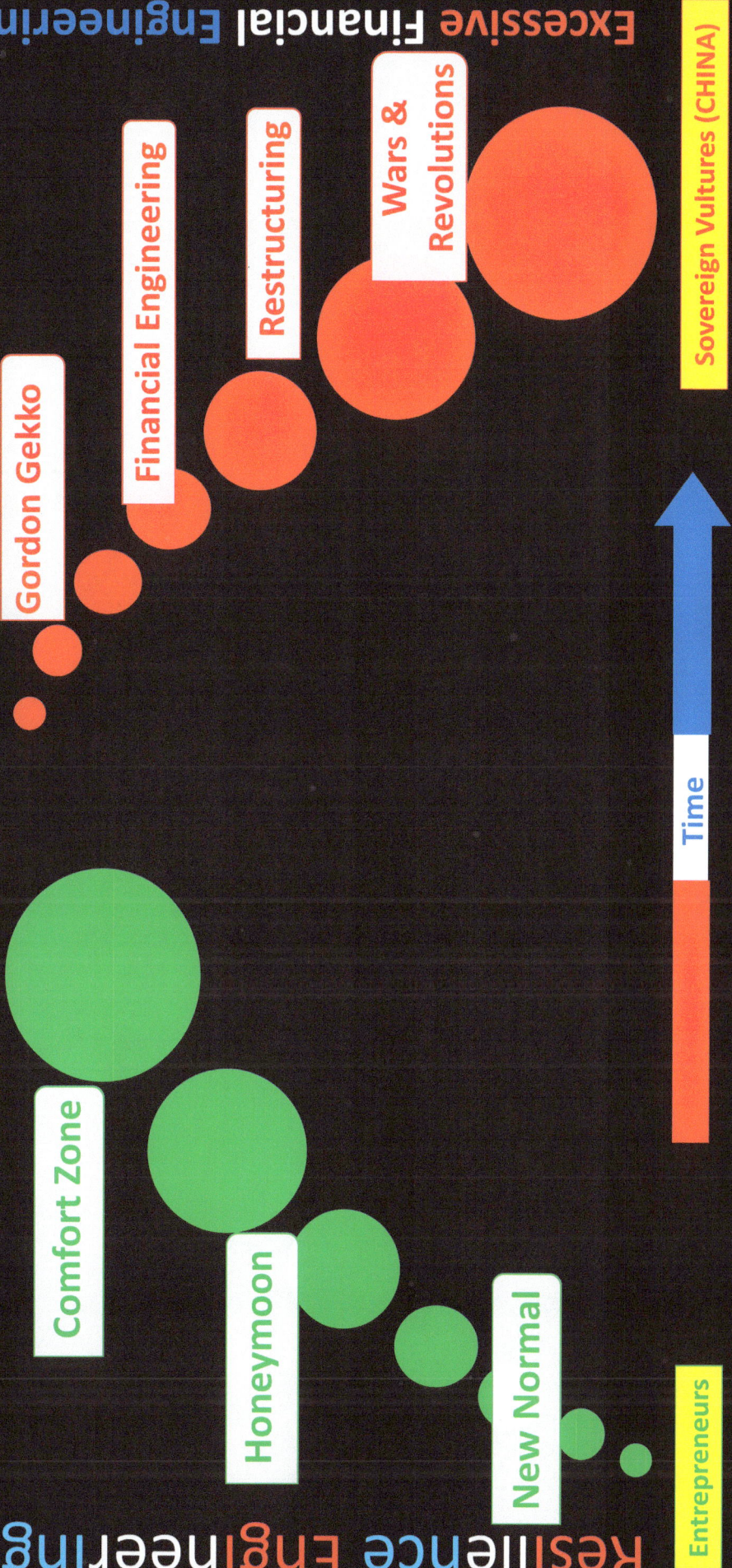

www.ERM Mavericks.com

"Overvej din oprindelse. I blev ikke skabt
til at leve som bøller men til at følge dyd og viden."

Dante Alighieri

Ay Yi Yai Yi! Den nye verdensorden er her!

www.Tiger-Rider.com

I ethvert imperies begyndelse er der en bryllupsrejse hvor stammen er i harmoni og der er velstand. Men når dette imperium glider ind i dets komfortzone, bliver det overmodigt og dets livsstil ændrer sig. Efterhånden som livsstilen ændres, bliver det grådigt. Grådighed er kapitalismens fundament, som fører til en periode med gearet kapitalisme med en overflod af Gordon Gekko-typer[52] (ikonet for ekstrem grådighed i den klassiske Oscar-vindende film "Wall Street"). Rutcheturens spænding fører til højere og højere niveauer af testosteron. En dag brister boblen, og vi begynder at forvrænge virkeligheden (financial engineering)[53]. Den forvrængede virkelighed fører os derefter til endnu større tektoniske skift, og derefter begynder man at pynte regnskaberne gennem kvantitativ lempelse. Til sidst, når den økonomiske krise rammer, opstår der krige og revolutioner. Alle ådselæderne rotter sig derefter sammen og afgør den nye stamme-orden; det er det der i øjeblikket sker for os.

Desværre er det nu halvleg, og anden halvleg skal til at begynde![54]

Jeg håber oprigtigt, at hvis vi i USA og resten af vesten spiller vores trumfkort rigtigt, kan vi også udmærke os i anden halvleg.

"Overvej din oprindelse. I blev ikke skabt til at leve som bøller men til at følge dyd og viden."

— Dante Alighieri —

Vi har en formidabel drage, der har rystet champagneflasken i to årtier og utålmodigt venter på at poppe proppen i post-COVID-æraen. Den kinesiske drage er på en opadgående kurs, mens vi falder hurtigt, hvilket kun øger truslen. Jeg tror oprigtigt, at vi i det mindste kan udjævne kurven og undgå de katastrofale forandringer, hvis vi spiller vores kort rigtigt.

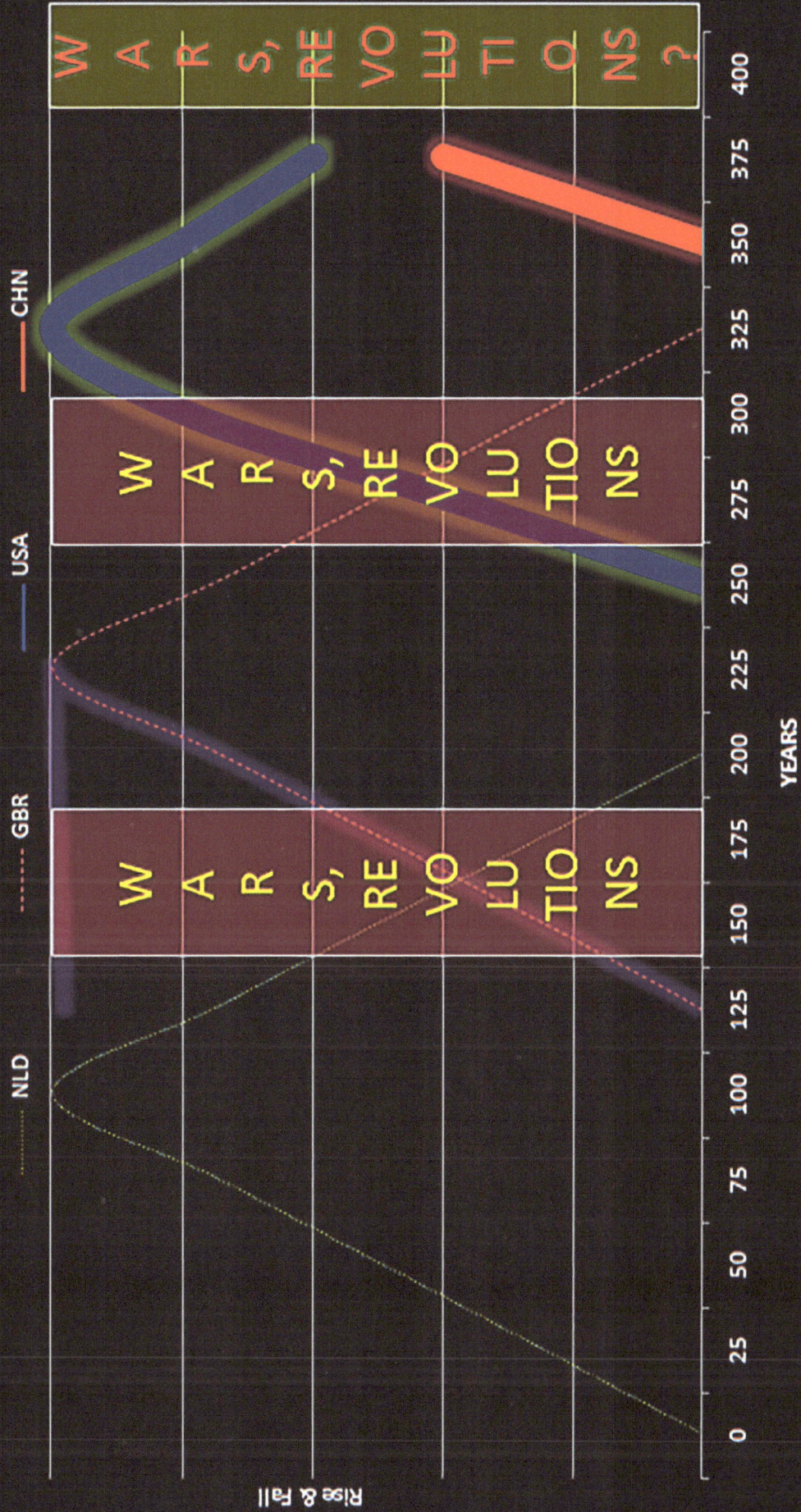

Gods Must be Crazy!
The Rise of the Dragon
Catacomb of Capitalism

NLD
GBR
USA
CHN

Rise & Fall

YEARS

Adapted Source Data: The Changing World Order by Ray Dalio

Ay Yi Yai Yi! Den nye verdensorden er her!

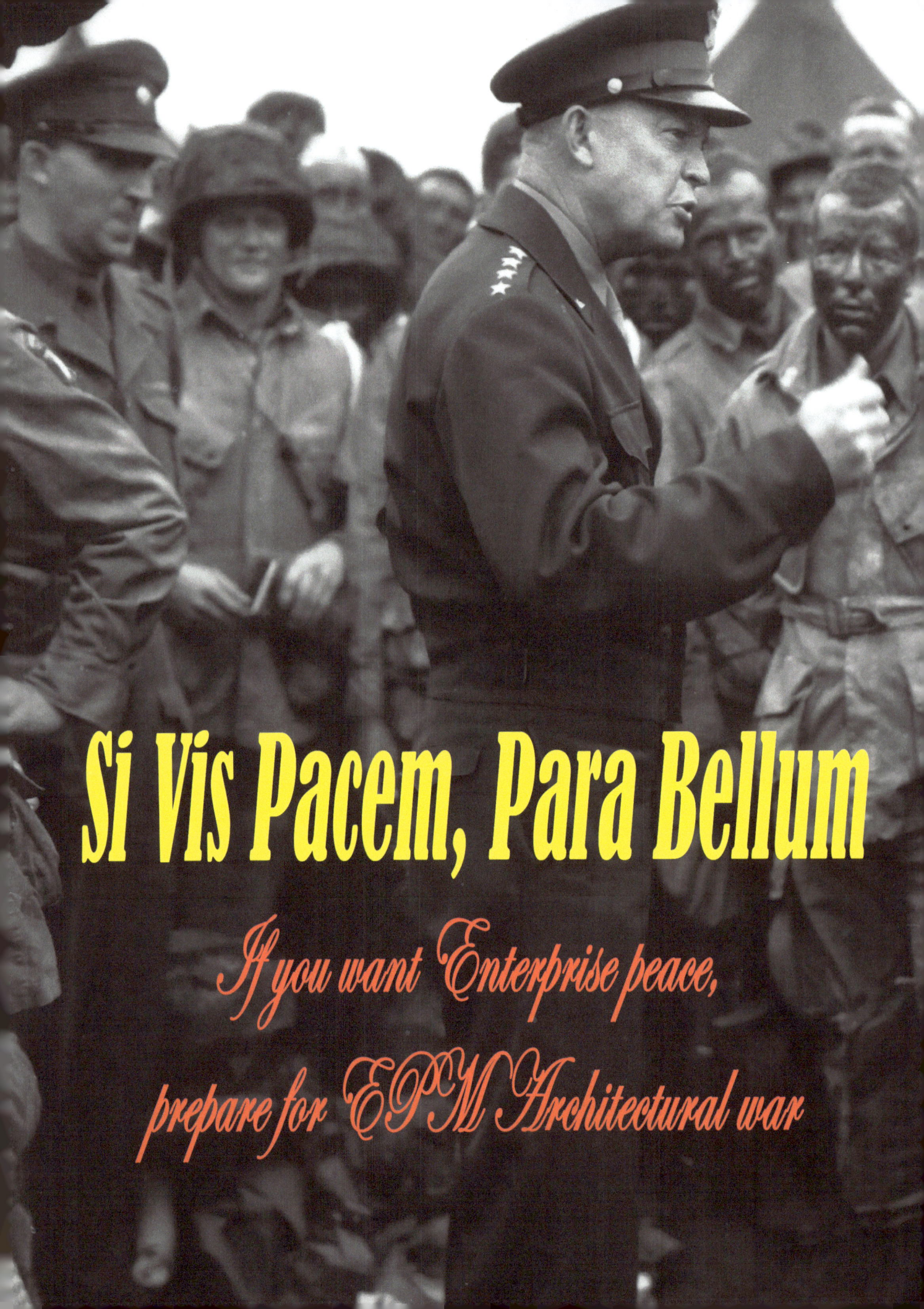

Si Vis Pacem, Para Bellum

If you want Enterprise peace,

prepare for EPM Architectural war

NYTÆNKNING

"*MARTIN: Beijing har en meget høj profil omkring den bistand, de yder til lande, der er hårdt ramt af coronavirus. Er du bekymret for, at Kina er begyndt at bruge blød magt på en måde, der yderligere vil undergrave USA's indflydelse på den globale scene?*

GATES: Ja. Og de agter at gøre mere. Og hvad værre er, så har vi - som bogen påpeger, svækket alle andre magtinstrumenter end vores militær. Og virkeligheden er, at hvis vi er heldige, og vi er kloge, ender vi ikke i en militær konflikt med Kina. Men konflikten vil finde sted, rivaliseringen vil finde sted, på alle disse andre arenaer, og det er der, vi er uforberedte.

Og vi har ingen strategi."

USA's tidligere forsvarsminister Robert Gates (NPR)

Ay Yi Yai Yi! Den nye verdensorden er her!

Sammensat billede af Eleanor Roosevelt, Franklin D. Roosevelt og Teddy Roosevelt (Courtesy, Franklin D. Roosevelt Presidential Library og Theodore Roosevelt Collection, Houghton Library, Harvard University)

HVEM SKABTE DET KAPITALISTISKE AMERIKANSKE IMPERIUM?

★★★★★★★★★★★★★★★★★★★★★★★★★★★★★★★★★★★★★★

Det her er et godt sted at se nærmere på det amerikanske imperiums oprindelse. Amerikanske præsidenter besidder det mest formidable embede i verden og befinder sig i en unik position, direkte i epicentret for nationale og verdensbegivenheder. Jeg har analyseret alle de amerikanske præsidenter siden 1900 for at finde frem til det amerikanske imperiums oprindelse. Hvem var disse store ledere i de gode gamle dage, og hvad var deres vejledende principper?

"Tvivl aldrig på, at en lille gruppe betænksomme og engagerede mennesker kan forandre verden. I virkeligheden er det det eneste, der nogensinde har gjort det."

— Margaret Mead —

★★★★★★★★★★★★★★★★★★★★★★★★★★★★★★★★★★★★★★

Sejrrige krigere vinder først og går derefter i krig, mens besejrede krigere først går i krig og derefter søger at vinde.

Sun Tzu's The Art of War (476–221 BC)

Jeg opdagede, at svaret allerede blev opdaget for et århundrede siden. Det store amerikanske kapitalistiske imperium blev skabt af Roosevelt i første halvdel af det 20. århundrede. Som øverstkommanderende er præsidenter ubestrideligt de mest betydningsfulde arkitekter i verdenshistorien. Det er blevet foragteligt systematisk demonteret og udhulet gennem Amerixit (en amerikansk version af selvudråbt Talaq[55] (skilsmisse i islam) fra global supermagtstatus-svarende til Storbritanniens Brexit fra EU). USA er nødt til at vende tilbage til the 'Dust Bowl', hvorfra Roosevelt engang reddede kapitalismen. Det var Roosevelt'erne der skabte rammerne for 75 år med fred og velstand i verden, ved at afslutte Anden Verdenskrig. De lagde også grundlaget for bl.a. FN, WHO, UNESCO, UNICEF og menneskerettighederne. I stedet for at afmontere disse institutioner og ende med at overgive os til det kommende Fjerde Rige, bør vi stræbe efter at forbedre dem og gøre dem mere robuste.

Den amerikanske økonomi, som Roosevelt byggede, havde omkring 40% af verdens BNP i 1960. Nu er det mindre end 15% i PPP og synker hurtigt. Samtidig er Kina over 20%[56] og kører på fulde drøn. Det er tid til at tage ved lære af den amerikanske kapitalismes oprindelige arkitekter. Vi skal forberede os på den forestående krig, så vi kan genopbygge før det er for sent.

Vi er nødt til at bringe den gode gamle "New Deal" tilbage og frembringe ægte ledere som Roosevelts (Theodore, FDR og Eleanor). De stod over for lignende problematikker under udfordrende historiske øjeblikke for et århundrede siden, såsom WWI, den spanske influenza, den store depression og anden verdenskrig. Vi skal søge efter vores falmende trumfkort i Roosevelts Dust Bowl. Disse kort var målet for styrke:

(Følgende liste er disse foranstaltninger, tilpasset nutidens miljø):

1. Lederskab
2. STEM (videnskab, teknologi, teknik og matematik) Uddannelse
3. Forskning og strategisk teknologi
4. Infrastruktur arkitektur
5. Digital arkitektur
6. Videnshåndtering
7. Diplomati
8. Verdensvaluta Guldstandard
9. Elektro-dollar
10. Finansiel kapital
11. Sikkerhed
12. Store transformative digitale strategier og politikker

The Gods Must be Crazy!

The Rise & Fall Measures of Empires

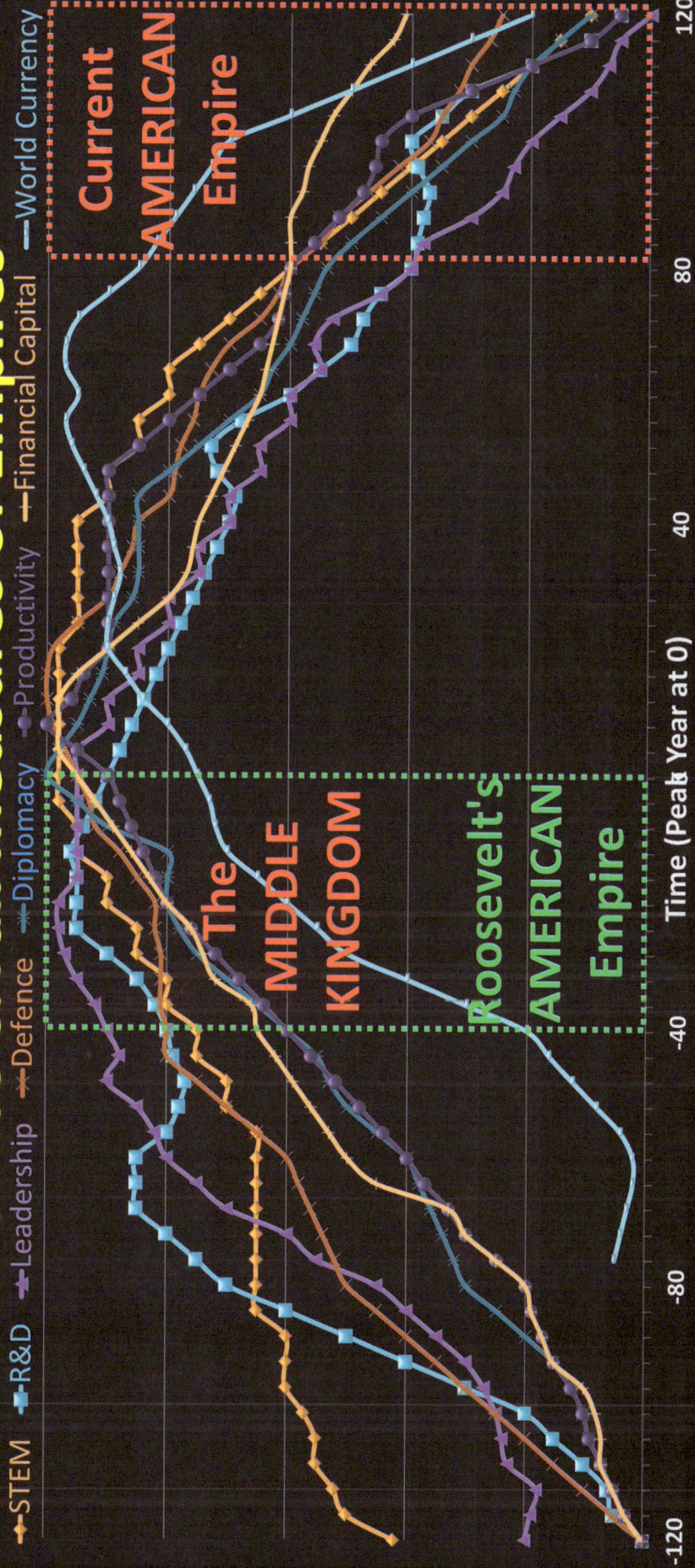

Legend:
- STEM
- R&D
- Leadership
- Defence
- Diplomacy
- Productivity
- Financial Capital
- World Currency

Current AMERICAN Empire

The MIDDLE KINGDOM

Roosevelt's AMERICAN Empire

Time (Peak Year at 0)

-120 -80 -40 40 80 120

www.EPMMavericks.com

Theodore Roosevelt (republikansk præsident i USA fra 1901 til 1909):

"Få handling, gør ting," var hans holdning til alle bestræbelser, politiske og ellers. Theodore Roosevelt var den yngste præsident i USA nogensinde. Han var en banebryder i den progressive bevægelse. Theodore kæmpede for sin "Square Deal" nationale politik og sikrede lighed mellem borgerne, brød monopoler, regulerede og skabte retningslinjer for jernbanerne og forbedrede kvaliteten af mad og medicin. Han gjorde bevarelse af naturen til en topprioritet og etablerede mange nye nationalparker, skove og monumenter for at bevare landets naturressourcer.

På den udenrigspolitiske side fokuserede Roosevelt på Centralamerika, hvor han påbegyndte konstruktionen af Panamakanalen. Theodore Roosevelt udvidede den amerikanske flåde og sendte hans 'Great White Fleet', en ny flådestyrke, på en verdensturné for at overbevise verden om USA's nye status som en maritim magt. TRs succesfulde bestræbelser på at forhandle afslutningen på den russisk-japanske krig vandt ham Nobels fredspris i 1906.

Franklin D. Roosevelt *(Fire gange valgt til demokratisk præsident i USA fra 1933 til sin død i 1945):*

På trods af vores 'Defense Production Act'[57], har USA stadig problemer med at producere noget så essentielt, men nødvendigt som ansigtsmasker. FDR lykkedes i sit første år med at gøre landets produktion højproduktiv. Den ultra-produktive tidsplan resulterede i 45.000 fly, 45.000 kampvogne, 20.000 luftværnskanoner og 8 millioner tons skibe.

På trods af sin lammende polio i en alder af 39 år, blev han præsident i en alder af 50. Han var den urokkelige øverstkommanderende, der styrede USA gennem to store katastrofer (den store depression og anden verdenskrig). FDR tjente som øverstkommanderende længere end nogen anden præsident. Hans arv former stadig vores forståelse af regeringens og præsidentembedets rolle.

Franklin D. Roosevelts politikker og personlighed satte guldstandarden for den moderne præsident. Med både respekt og foragt, frembragte FDR modigt lederskab i den mest omtumlede periode i den amerikanske nations historie siden borgerkrigen. FDR blev valgt til præsident i fire valg (en rekord) og var en central figur i globale begivenheder i hele første halvdel af det 20. århundrede.

Roosevelt ledede den føderale regering gennem de mange prøvelser under den store depression og fik sin New Deal gennemtrumfet som reaktion på den værste økonomiske krise i USA's historie. Det statslige "sikkerhedsnet" han skabte, cementerede Roosevelts legende, men blev samtidig også en evig kilde til kontroverser. Han anses blandt lærde for at være blandt landets største præsidenter efter George Washington og Abraham Lincoln.

Eleanor Roosevelt

Hun var kendt som "Verdens førstedame". I over tredive år var Eleanor Roosevelt USA's mest magtfulde kvinde. Hun var elsket af millioner, men hendes FBI-fil var tykkere end en stak telefonbøger. Hun var en frygtløs fortaler for borgerrettigheder, og Ku Klux Klan satte endda en pris på hendes hoved.

(Ændret fra kilde: Library of Congress Prints and Photographs Division Washington, D.C, under det digitale id ppmsca.35645)

På trods af at hun blev satiriseret som en grimrian der altid skulle blande sig i medierne, hjalp Eleanor Franklin D. Roosevelt med at komme til magten og blev hans mest værdifulde politiske aktiv. Hun holdt ud, ligeglad med de hånende angreb, og hun kæmpede utrætteligt for social retfærdighed for alle og indtog en ledende rolle i FN's skelsættende menneskerettighedserklæring.

FDR trådte ind i Det Hvide Hus midt i den store depression, som startede i 1929 og varede cirka et årti. Præsidenten og kongressen implementerede snart en række genopretnings-initiativer, kendt som the "New Deal", for at bekæmpe den økonomiske nedtur. Eleanor rejste gennem USA som førstedame, fungerede som sin mands øjne og ører og rapporterede tilbage til ham. Præsident Harry S. Truman kaldte hende senere "Verdens førstedame" som en hyldest til hendes kamp for menneskerettigheder.

> *"Den dygtige leder får fjendens tropper til at underkaste sig uden kamp; han erobrer deres byer uden at belejre dem; han vælter deres rige uden lange marcher i felten."*
> Sun Tzu's The Art of War (476–221 BC)

Vi bør studere den grundlæggende kapitalistiske doktrin fra Roosevelt-tiden:

"På nuværende tidspunkt i verdenshistorien skal næsten enhver nation vælge mellem forskellige måder at leve på. Valget er for ofte ikke gratis. Én livsstil er baseret på flertallets vilje og kendetegnes ved frie institutioner, repræsentativ regering, frie valg, garantier for individuel frihed, ytringsfrihed og religion og frihed fra politisk undertrykkelse. Den anden livsstil er baseret på et mindretals vilje, hvor tvang pålægges flertallet. Den er afhængig af terror og undertrykkelse, en kontrolleret presse og radio, faste valg og undertrykkelse af personlige friheder. Jeg mener, at det må være USA's politik at støtte frie folk, der modsætter sig forsøg på underkastelse af væbnede minoriteter eller af udefrakommende pres.

....

Frøene til totalitære regimer næres af elendighed og nød. De spreder sig og vokser i den onde jord af fattigdom og stridigheder. De når deres fulde vækst, når et folks håb om et bedre liv er dødt. Vi må holde det håb i live. Verdens frie folk ser til os for at få hjælp til at opretholde deres friheder. Hvis vi vakler i vores lederskab, kan vi bringe verdensfreden i fare, og vi vil helt sikkert bringe velfærden i vores egen nation i fare."

— The Truman Doctrine (1947) —

(Ændret fra kilde: Leon Perskie Portraits, 1944, FDR Presidential Library & Museum)

(Ændret fra kilde: FDR Presidential Library & Museum)

www.EPM.Mavericks.com

(Billedkilde: US Army and so PD-USGov-Military-Army) Yalta-topmøde 1945 med Churchill, Roosevelt, Stalin

LAD OS BRINGE ROOSEVELTS TILGANG TILBAGE

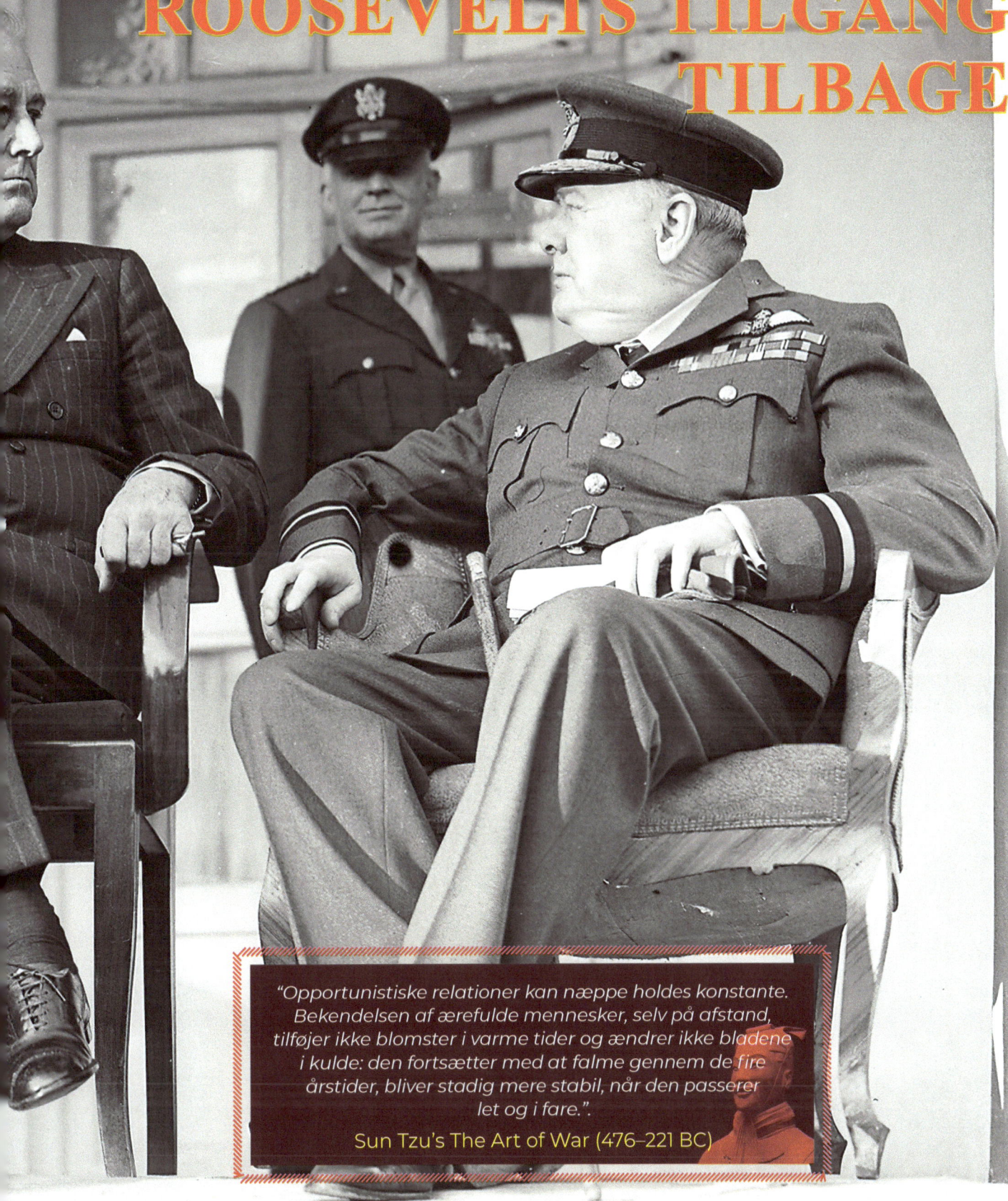

> "Opportunistiske relationer kan næppe holdes konstante. Bekendelsen af ærefulde mennesker, selv på afstand, tilføjer ikke blomster i varme tider og ændrer ikke bladene i kulde: den fortsætter med at falme gennem de fire årstider, bliver stadig mere stabil, når den passerer let og i fare."
>
> Sun Tzu's The Art of War (476–221 BC)

Mit forslag fokuserer på strategier, vi tidligere fremhævede for at genoplive vestlige enterprises, nemlig:

1. Lederskab
2. STEM (videnskab, teknologi, teknik og matematik) Uddannelse
3. Forskning og strategisk teknologi
4. Infrastruktur arkitektur
5. Digital arkitektur
6. Videnshåndtering
7. Diplomati
8. Verdensvaluta Guldstandard
9. Elektro-dollar
10. Finansiel kapital
11. Sikkerhed
12. Digital Strategies and Transformative Roadmap

Edderkoppe-kortet nedenfor repræsenterer en sammenligning i fugleperspektiv mellem Roosevelts kapitalistiske æra og nutidens USA, sammenlignet med de fremskridt, kineserne har gjort. Detaljerne vil blive forklaret i hvert afsnit (fortæl mig gerne dine perspektiver til forbedring og optimering af disse grafer).

Med statsstøtte koloniserer kinesiske virksomheder verden, ved økonomisk at påvirke mere end 150 lande med mindst 10 billioner dollars i gældsfælde-diplomati, næste generation af Belt & Silk Road og andre højteknologiske infrastrukturprojekter.

USA's nuværende 19. århundredes kapitalistiske system der er under ledelse af de korrupte PAC's og lobbyister i sumpen (Washington DC), Gordon Gekko kapitalfonde og corporate raiders, hvoraf mange er finansieret af kineserne. Den Twitter-drevne Wall-Street-algoritmiske beslutningsproces er en skændsel. Vores virksomhedskundskaber er blevet afskåret fra virkeligheden hos 96% af menneskeheden. De bor i et elfenbenstårn og koncentrerer sig kun om overdreven financial engineering. Der er knap sket det mindste vækst i produktivitet eller salg i det sidste årti. På trods af det, er Dow Jones steget mere end 250% i de sidste ti år, primært gennem financial engineering. Get-rich-quick handler har formidlet den positive balance, og nu skælver kapitalismen i dets fundament.

Vi bør reformere vores virksomheder så de kan marchere ind i det 22. århundrede, og vi bør gøre det ved at tage ved lære af tyskerne og landene i øst (Singapore, Kina, Japan, Sydkorea osv.). Overlevelsen af globale virksomheder hænger uløseligt sammen med vækst og fald i deres fadder-imperium, som vi har været vidne til i de sidste fem århundreder. Det Kinesiske kommunistiske parti bruger billioner af dollars til strategisk og hensynsløst at fjerne mange af vestens fortabte kapitalistiske finanseksperter, især når det gælder opfindelser rettet mod det 22. århundrede. Kvasi-statslige virksomheder har frigjort sig fra deres gamle vestlige Gordon Gekko-licensmestre og udenlandske partnere, og skaber bedre produkter og tjenester.

Sammenfattende er vi derfor nødt til at fordoble vores virksomhedsinvesteringer på følgende områder, for at befri os fra de nye kommunistiske autoritære mestre:

The Gods Must be Crazy!
US vs China Competitiveness Dashboard
(Representative Example scores)

- Roosevelt's USA   - Current USA   - CHINA

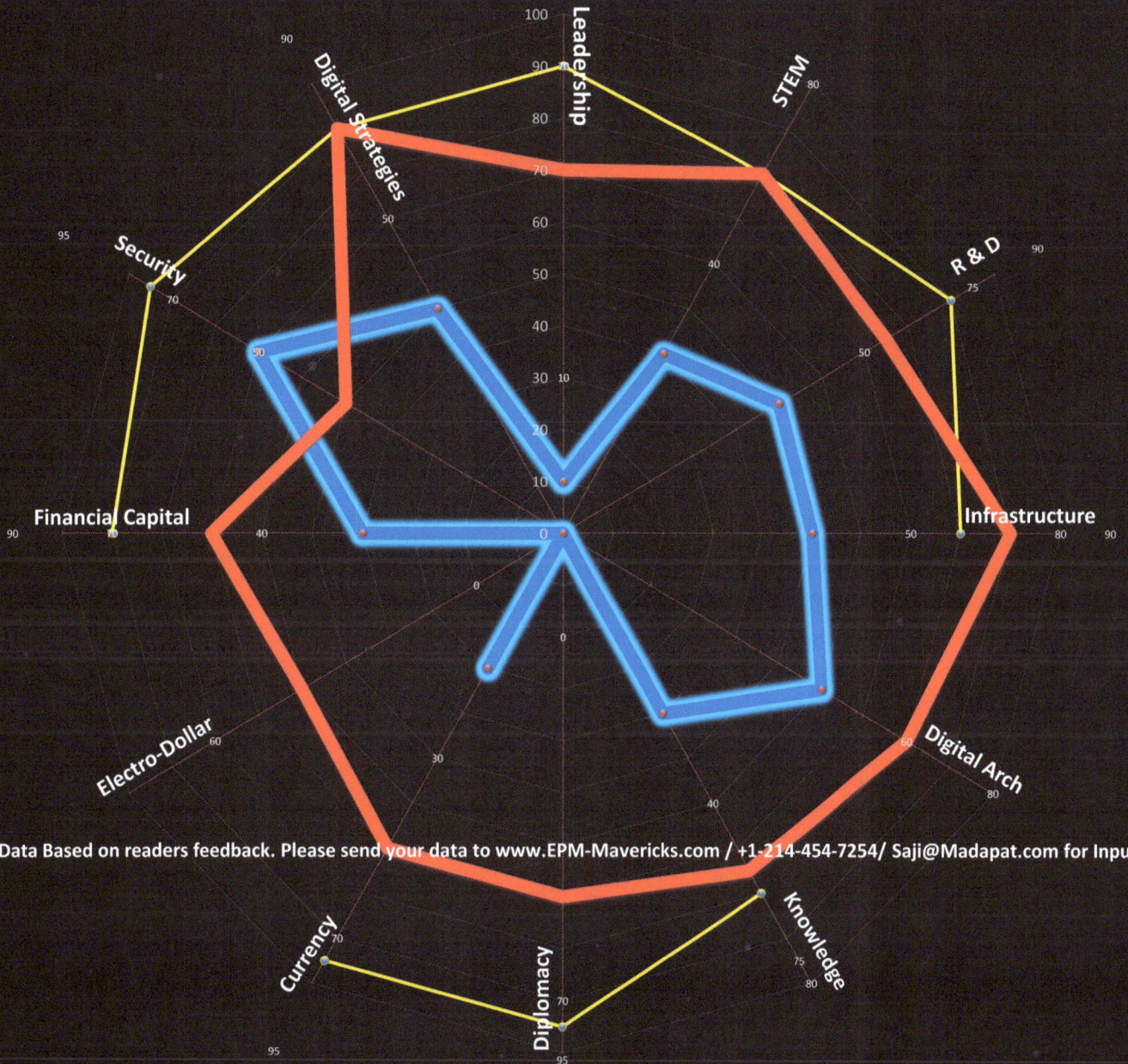

Data Based on readers feedback. Please send your data to www.EPM-Mavericks.com / +1-214-454-7254/ Saji@Madapat.com for Input

Leadership, STEM, R & D, Infrastructure, Digital Arch, Knowledge, Diplomacy, Currency, Electro-Dollar, Financial Capital, Security, Digital Strategies

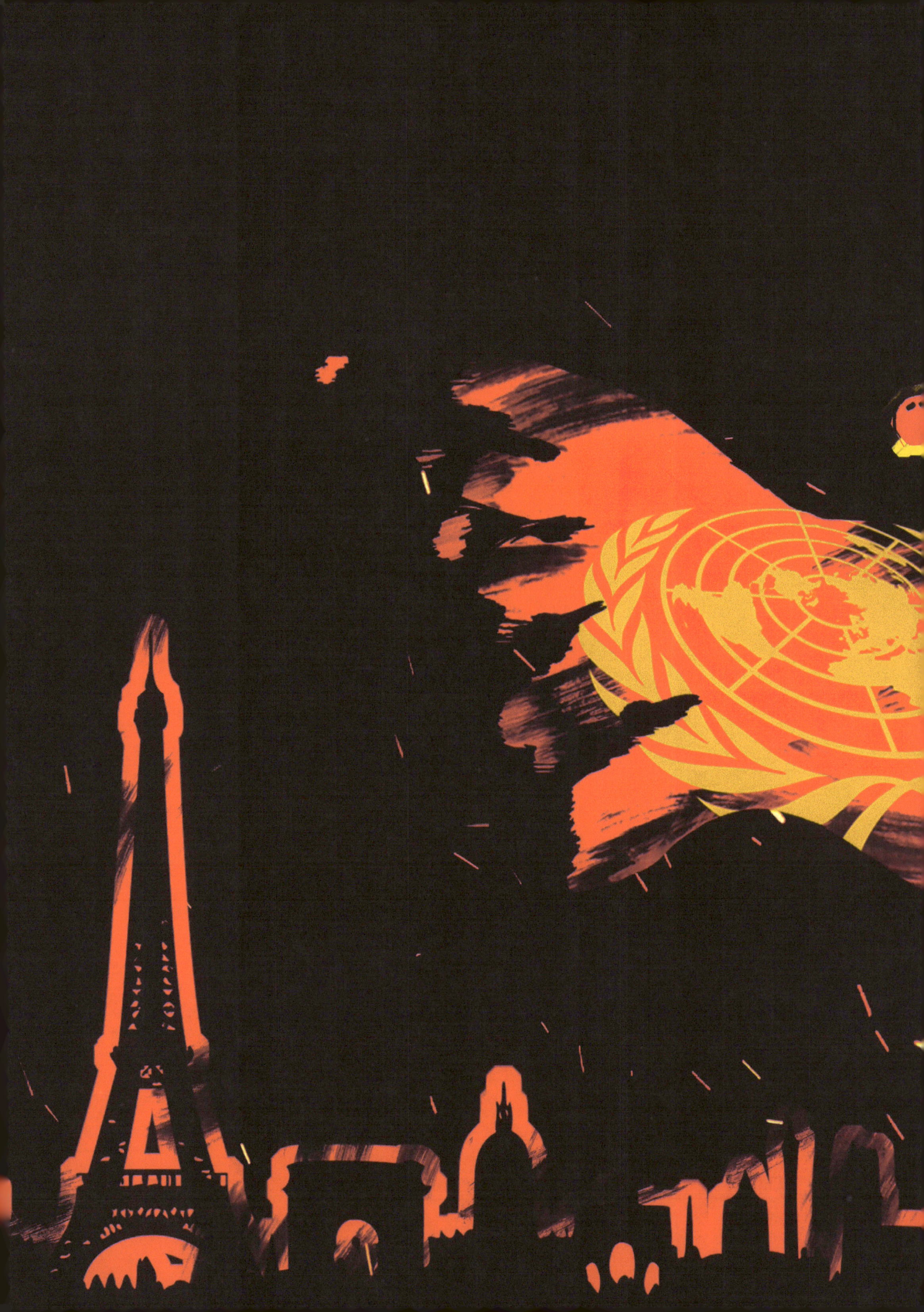

Ay Yi Yai Yi! Den nye verdensorden er her!

1. Lederskab

> *"Den dygtige leder får fjendens tropper til at underkaste sig uden kamp; han erobrer deres byer uden at belejre dem; han vælter deres rige uden lange marcher i felten."*
>
> **Sun Tzu's The Art of War (476–221 BC)**

Harvard Kennedy School sagde: *"Nu hvor CCP forbereder sig på at fejre 100-året for dets stiftelse, lader partiet til at stå stærkere end nogensinde. En dybere modstandsdygtighed er baseret på folkelig støtte til regimepolitik."* Denne forskningsartikel om det kinesiske kommunistparti (CCP) er en serie udgivet af Ash Center for Democratic Governance and Innovation ved Harvard Universitys John F. Kennedy School of Government.

> *"Der er kun få beviser, der støtter tanken om, at CCP mister legitimitet i det kinesiske folks øjne. Faktisk viser vores undersøgelse, at den kinesiske regering i 2016, på tværs af en lang række parametre, var mere populær end på noget tidspunkt i de foregående to årtier. I gennemsnit rapporterede de kinesiske borgere, at regeringens levering af sundhedspleje, velfærd og andre vigtige offentlige tjenester var langt bedre og mere rimelig, end da undersøgelsen begyndte i 2003.*
>
> *....*
>
> *Som sådan var der ikke noget reelt tegn på voksende utilfredshed blandt Kinas største demografiske grupper, hvilket satte tvivl om tanken om, at landet stod over for en krise med politisk legitimitet. "*
>
> — Harvard University (July 2020)

> *"Kun 17% af amerikanerne svarer i dag, at de mener at de kan stole på, at regeringen i Washington "næsten altid" gør det rigtige (3%)"*
>
> — Pew Research Center (Public Trust in Government: 1958-2019)

Da historien har en tendens til at gentage sig, endda med hævn, har vi brug for modstandsdygtigt leder-skab, såsom Roosevelts, til at styre vores imperium og vores enterprises. Det er på høje tid, at ledere af samme støbning som FDR dukker op. Ledere, der kan bruge COVID-19 som et kald til mod, vedholden-hed og håbefuldhed. FDR var USA's mest enestående leder. Han skubbede USA frem i spidsen for den verdenshistoriske fase, ved at bygge fundamentet for kapitalisme og moderne enterprises. Vi må krydse fingre og bede til de højere magter om at nye visionære ledere, såsom Roosevelts, kan bane vejen til for-løsning, og skabe en fremtid der fører os tilbage på sporet.

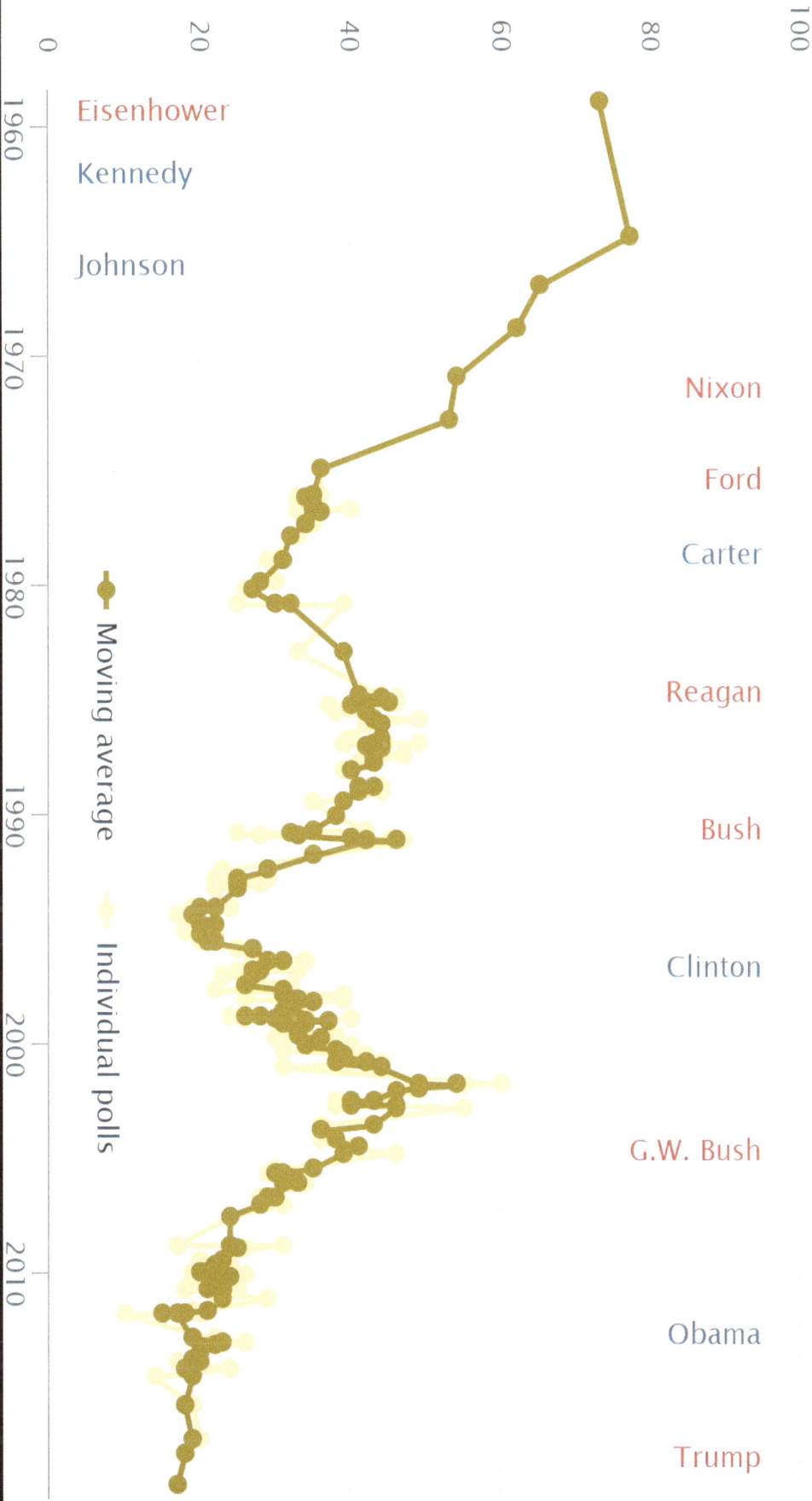

% who trust the govt in Washington always or most of the time

PEW RESEARCH CENTER

Eisenhower

Kennedy

Johnson

Nixon

Ford

Carter

Reagan

Bush

Clinton

G.W. Bush

Obama

Trump

Moving average

Individual polls

www.ERM.Mavericks.com

(Billedkilde: Dette billede er fremstillet af Det Forenede Kongeriges regering)
Winston Churchill hilser Joseph Stalin med præsident Roosevelt uden for
Livadia-paladset under Jaltakonferencen, februar 1945.

Samtidig med at vi står over for en eksistentiel klimakrise, skal vi finde visionære profeter som Theodore Roosevelt (TR), som erkendte hvor vigtigt det var at bevare disse aktiver, vi nu engang er så velsignede at have. Theodore Roosevelt skabte 150 nationalskove, fem nationalparker, 51 føderale fuglereservater, fire nationale vildtreservater og 18 nationale monumenter på over 230 millioner hektar offentligt areal.

Nu hvor vi befinder os i Black Lives Matter-æraen, kan alle tage lære af vores "First Lady of the World" (Eleanor Roosevelt), som fik en hel nation til at basere dets værdier på humanitær indsats og kamp for social retfærdighed.

Franklin D. Roosevelt blev handicappet pga. polio, som lammede ham fra livet og ned, men alligevel modstod han sygdommen med frækhed, vedholdenhed og optimisme. Som øverstkommanderende styrede han den amerikanske nation gennem den store depression og førte landet gennem bankkrisen. Som det skete under den store depression, er vores potentielle økonomiske opsving afhængig af millioner af komplekse beslutninger, truffet af millioner af individer, hvoraf de fleste udelukkende handler ud fra egeninteresse. Da folk mistede troen på systemet og dets mekanismer, løste FDR finanskrisen ved at genindføre tillid til systemet.

Moderne ledere er nødt til tage ved lære af disse diplomater, som byggede relationer med alle parter på det mest kritiske tidspunkt i historien. Takket være FDR's vedholdenhed og ledelse, modtog han uovertruffen støtte og samarbejde fra kongressen under den store depression og anden verdenskrig. Han arbejdede sammen med Winston Churchill og andre verdensledere for at lægge grundlaget for FN og mange andre globale fora og han skabte mere end 75 års fred og velstand. Han indgik endda et samarbejde med kommunisten Joseph Stalin, for at besejre ondskabens akse i Anden Verdenskrig. Han mestrede kompromis- og diplomatiets kunst, en egenskab vi nu virkelig mangler i Washington og i den politiske verden. Han forbandt almindelige mænd og kvinder landet over og i hele verden med sine taler direkte fra kaminen.

Når grundlæggende prøvelser og trængsler truer vores imperium og vores virksomhedsarkitekturer, har vi brug for ledere som the Roosevelts, der kan genopbygge og guide os, som:

1. Inspirerer os med en vision, en strategi og en køreplan for vores fremtid
2. Leder os med håb og tillid, uanset hvor usikker fremtiden er
3. Tager dristige beslutninger med vedholdenhed og beslutsomhed
4. Samarbejder med alle parter og endda forhandler med potentielle fjender om at udvikle en handlingsplan
5. Gennemfører beslutninger, der gavner det større gode, selvom det ikke er politisk korrekt

Det er på høje tid at analysere Riget i Midten for at vurdere, hvor godt de spiller deres trumfkort. Tiden er ved at løbe ud. Vestens imperium og de globale enterprises skal vi have ædle og intelligente ledere, såsom Roosevelts, der har selvtillid, beslutsomhed, integritet og diplomatiske evner, uden hvilke vi uundgåeligt vil fejle.

2. STEM Education (Videnskab, teknologi, teknik og matematik)

> *"Dyb viden er at være opmærksom på forstyrrelse før forstyrrelse, at være opmærksom på fare før der er fare, at være opmærksom på ødelæggelse før ødelæggelse, at være opmærksom på ulykke før katastrofe. Stærk handling er at træne kroppen uden at blive belastet af kroppen, udøve sindet uden at blive brugt af sindet, arbejde i verden uden at blive påvirket af verden, udføre opgaver uden at blive blokeret af opgaver."*
>
> Sun Tzu's The Art of War (476–221 BC)

Kvalitetsniveauet af uddannelser har dannet fundamentet af imperier gennem hele menneskehedens historie. Et højt uddannelsesniveau er roden til vækst. Baseret på PISA-testresultaterne fra 2015 rangerer USA nu i blandt de laveste 15% i den udviklede verden.

Desværre er offentlig uddannelse og finansiering af skoler de lavest hængende frugter når det kommer til budgetnedskæringer, især i tiden efter COVID. STEM-uddannelser er de dyreste af alle og det mest naturlige bytte for budgetnedskæring. Oven i det, har den nuværende økonomiske situation ført til høj arbejdsløshed, hvilket fører til ustabilitet i hjemmet, hvilket i sidste ende resulterer i dårligere akademiske resultater, mangel på muligheder og en deprimeret indkomst. Disse faktorer udvikler sig til en ond cirkel, der fører til socioøkonomiske og politisk ustabilitet rundt om i verden.

I det nuværende politiske miljø er uddannelser blevet den laveste prioritet. Ud over politiske ændringer, skal vi også undersøge kreative løsninger, f.eks. partnerskaber mellem filantropi, regering og erhvervsliv, for at løse denne slags udfordringer. USA bør etablere offentligt-private partnerskaber, der ligner den tekniske tyske erhvervsuddannelse (TVET).

Ligesom i Singapore, Tyskland, Kina, Japan, Sydkorea og Indien bør regeringen indtage en aktiv lederrolle inden for offentlig uddannelse. Regeringen bør belønne og anerkende lærere baseret på deres præstationer. Som det ser ud nu, certificerer USA betydeligt færre bachelor-ingeniører årligt end Kina, eller endda Indien.

Ifølge rapporten fra OECD (Organization for Economic Cooperation and Development) 2018 spenderer USA mere på colleges end næsten noget andet land. "Udgifterne pr. elev er vanvittige, og det har stort set intet forhold til den værdi, som eleverne kunne få i bytte."[58]

Det er dekadencens skyld - smarte studielejligheder, dyre måltider og "et manisk forhold til atletisk sport." Vi er nødt til at genopfinde uddannelsessystemet og indlede partnerskaber med filantroper som Bill Gates og Bloomberg for at uddanne og forberede arbejdsstyrken til det 22. århundrede. Som et eksempel i IT:

The Gods Must be Crazy!
The Future (Degrees) of Science & Enginering

Thousands

—China —United States —EU top 6

Source: Edicational statistics of OECD, NBS (China)

Year

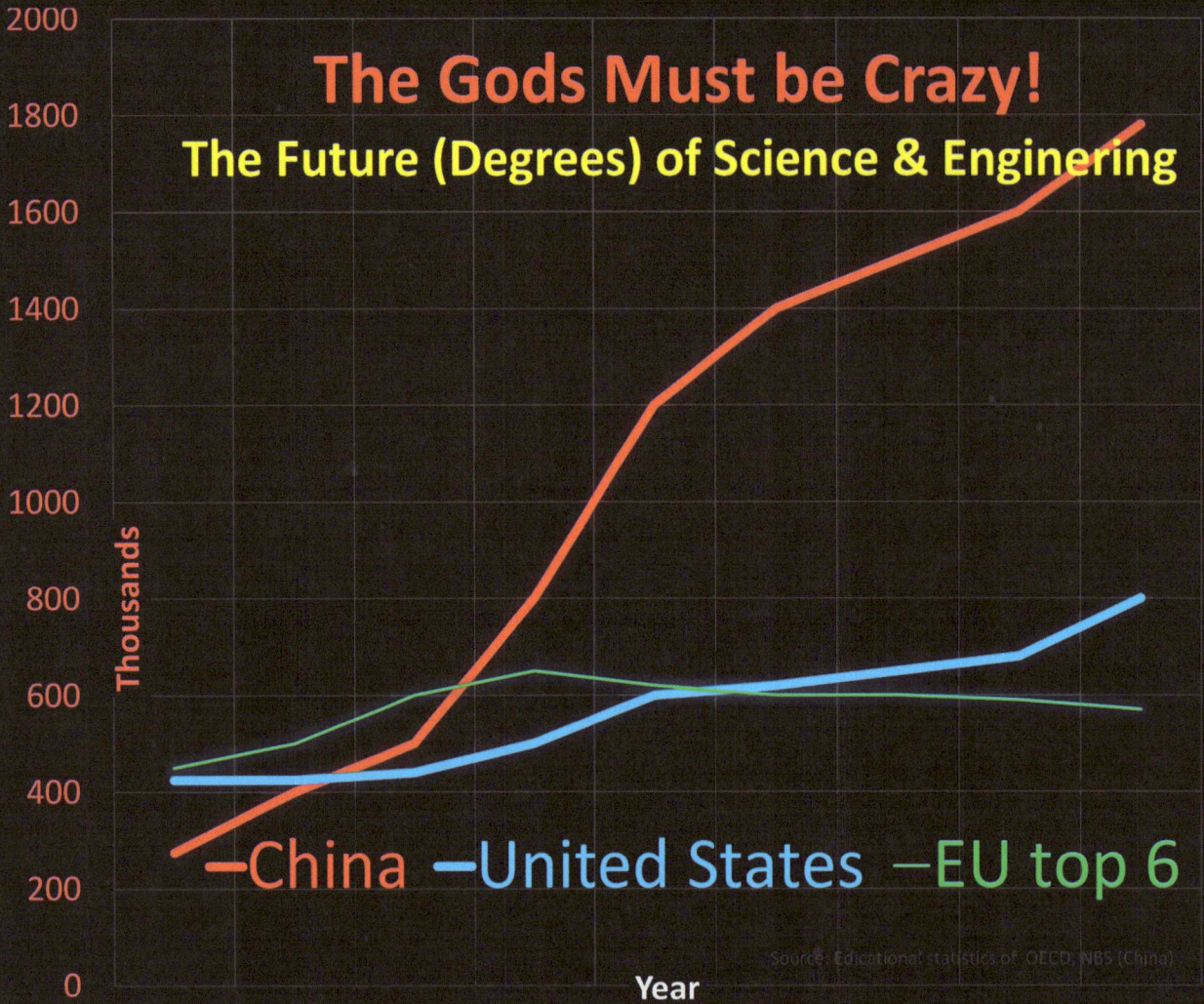

★ IT/forretningssystemer skal udvikle sig fra Transaktionelle -> Operationelle -> Prediktive Analytics AI BOT'er (Robotic Automation in Cloud)

★ Ud over IT er traditionelt regnskab og de fleste forretningsfunktioner (især gentagne) på vej til automatisering af AI BOTs i skyen

Vores arbejdsstyrke skal være AI-klar, da Robotics Automation og AI bliver nødvendige onder for produktivitet og økonomisk vækst. Millioner af mennesker verden over bliver nødt til at skifte erhverv eller opgradere færdigheder. Mckinsey anslår, at mellem 400 millioner og 800 millioner individer kan være under fordrivelse af automatisering og har brug for at finde nye job inden 2030. Af de samlede fordrevne, kan 75 millioner til 375 millioner være nødt til at skifte erhverv og lære nye færdigheder.

3. Forskning og strategisk teknologi

> *"Hvis du kender fjenden og du kender dig selv, behøver du ikke frygte resultatet af hundrede kampe. Hvis du kender dig selv, men ikke fjenden, vil du for hver vundet sejr også lide et nederlag. Hvis du hverken kender fjenden eller dig selv, vil du bukke under i hver kamp."*
>
> Sun Tzu's The Art of War (476–221 BC)

Har USA's mest værdifulde enterprises mistet dets mojo? Ud over aktietilbagekøb og malkning af de gamle iPhones, teknologiske generationer bag konkurrenterne fra øst, hvilke innovationer har Apple så frembragt i det sidste årti? Apple lader til at være afgået ved døden sammen med Steve Jobs.

Vores enhjørninger i Silicon Valley forlader landet, især mod øst. Det lader til, at Silicon Valley også er faret vild.

> *"Venturekapital og teknisk opstartsøkonomi er det samme som at skabe farlige " Ponzi-ordninger med høje indsatser" og en "bizar Ponzi ballon."*
>
> ———— Chamath Palihapitiya ————
> (Milliardær, investor og tidligere vicepræsident for brugervækst hos Facebook)

Kineserne er i førersædet for det teknologiske kapløb inden for almindelige områder som elektronik, maskiner, biler, højhastighedsbaner og luftfart. De driver faktisk også teknologiske innovationer indenfor nye områder som 5G, vedvarende energi, avanceret atomkraft, næste generations telekommunikationsteknologier, big data og supercomputere, AI, robotics, rumteknologi og elektronisk handel.

I 2018 indsendte kineserne næsten 50% af patentansøgningerne på verdensplan, med en rekord på 1,54 millioner inden for højteknologi. Sammenlign det en gang med USA, der indgav under 600.000. Kinas patentindleverings-niveauer for kunstig intelligens overhalede USA i 2014, og Kina har siden opretholdt en høj vækstrate.

De fleste kinesiske ledere er ingeniører, der tænker ud fra et strategisk langsigtet værdi- og modstandsdygtigheds- -perspektiv, frem for ekstremt kortsigtede finansielle genveje. De prioriterer og fokuserer på langsigtede teknologier med henblik på det 22. århundrede, herunder kunstig intelligens, cloud computing, big data-analysis, blockchain og informations-kommunikationsteknologi (IKT).

Efterhånden som den kinesiske digitale silkevej udvides, vil dens pseudo-virksomheder få uvurderlig indsigt i globale data. På samme måde som den måde FAANG (Facebook, Apple, Amazon, Netflix og Google) bruger data i realtid til at analysere vestens kundeadfærd. Gennem den kinesiske regering vil de have privilegeret adgang til alle emner i Riget i Midten, i modsætning til deres vestlige konkurrenter. Disse kinesiske kvasi-virksomheder vil have ekstraordinære privilegier i de næste banebrydende teknologier som IoT (Internet of Things), AI (kunstig intelligens) og autonome køretøjer til mindst to tredjedele af verden, gennem DSR-platformen.

Desværre drives nutidens forældede virksomhedsarkitekturer og teknologier i vesten af finans-specialister, der kører efter "læbestift på en gris"-metoden. Deres designs har ingen relation til den digitale tidsalder. Som det skete i Roosevelts tid, bør universiteter gennem offentlig-private partnerskaber investere og pleje kerne-industrierne, svarende til det, vi ser ske i Kina, Japan, Sydkorea og Tyskland.

4. Infrastrukturarkitektur

> *"Den general, der vinder en kamp, foretager mange beregninger i sit tempel, før kampen udkæmpes. Den general, der taber en kamp, foretager kun få beregninger.*
> Sun Tzu's The Art of War (476–221 BC)

The Gods Must be Crazy!
The Future of Artificial Intelligence
(AI Patent Applications)

For at kunne overleve, skal vi udarbejde en moderne version af 'New Deal', som Franklin D. Roosevelt udførte for et århundrede siden, under lignende omstændigheder. Ligesom han gjorde, bør vi skyde betydelige investeringer i vores forfaldne infrastruktur.

Da Kina søger at kolonisere økonomisk, må vi undersøge vores progressive version af Marshall-planen for at imødegå Kinas Belt & Road og teknologiske infrastruktur.

**Railroadlines
Under Construction**

Railroadlines Existing

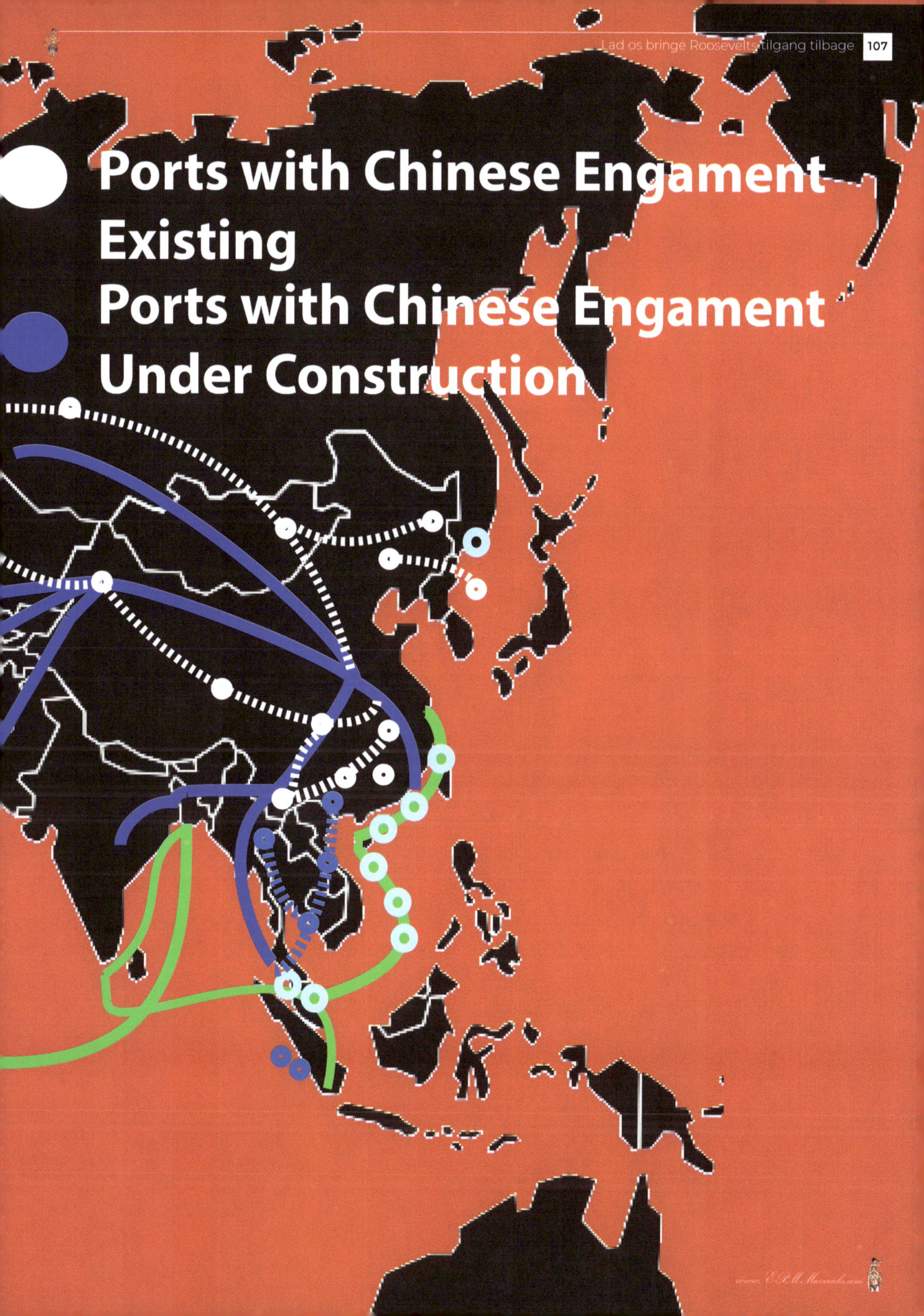

Ports with Chinese Engament Existing

Ports with Chinese Engament Under Construction

- ★ Vi skal genoplive iværksætteri gennem offentlig-private partnerskaber og universiteter.

- ★ Regeringen bør tage ejerskab i strategiske virksomheder og hjælpe dem med at komme sig.

- ★ Regeringen bør overvåge kapitalfonde og venturekapitalister i kritiske industrier, især i Silicon Valley. Betydelig rov-finansiering kommer fra Kina, der har til hensigt at stjæle vores IP (intellektuel ejendom), hvilket er en potentiel trussel mod nationale sikkerhedsinteresser.

- ★ Vi bør skrotte de forældede immigrationssystemer og fokusere på fortjeneste. Mange af vores innovative højteknologiske ledere er her som et resultat af avanceret immigration.

- ★ Som Roosevelt gjorde, er vi nødt til at bryde monopolerne og ikke understøtte "too-big-to-fail" virksomheder, som skaber barrierer for innovation.

"Små og mellemstore virksomheder (SMEs) udgør over 99% af det samlede antal virksomheder i de lande, hvor vi arbejder. De er ansvarlige for store bidrag til værditilvækst og beskæftigelse."

Den Europæiske Bank for Genopbygning og Udvikling (EBRD)

5. Digital arkitektur

Læg først planer, der skal sikre sejr, før derefter din hær til kamp; hvis du ikke begynder med strategi, men stoler på brutal styrke alene, er sejren ikke længere sikret"
"Lad dine planer være mørke og uigennemtrængelige som natten, og når du bevæger dig, lad det ske som et tordenbrag."
Sun Tzu's The Art of War (476–221 BC)

"Vi skal gribe de muligheder industriel digitalisering og digital industrialisering giver, fremskynde opbygningen af nye infrastrukturer såsom 5G-netværk og datacentre og intensivere layoutet af nye strategiske industrier og fremtidige industrier, såsom den digitale økonomi, liv og sundhed og nye materialer."

Xi Jinping, generalsekretær for Kinas kommunistiske parti

Kina har allerede underskrevet digitale Silk Road-specifikke aftaler med mange af dets eksisterende BRI- og vej initiativ (BRI) partnerlande. DSR bruges af Beijing som en trojansk hest til at øge landets indflydelse rundt om i verden, uden konkurrence. Det er en digital bagdør for kinesiske teknologivirksomheder som Huawei, Tencent og Alibaba til at udvide deres globale foreningsandele og som et middel til at torpedere deres vestlige konkurrenter.

Mens vi sidder fast i 2G/3G/4G-krige, er Kina løbet foran ind i 5G-mode og kigger nu på 6G. For over et år siden udstedte Kina drifts licenser til China Mobile, China Unicom og China Telecom. I 2019 begyndte disse statsejede teleselskaber at udrulle 5G-netværk i byer over hele landet. Fra 50K basestationer i 2019, har Kina allerede krydset en halv milliard 5G-abonnementer. De tilføjede mindst 190.000 nye 5G -basestationer alene i første halvdel af 2021[59]

Carrier	5G subs total (millions)	New 5G subs in 2021 (millions)	5G base stations	New 5G base stations 2021	Total subscribers (millions)
China Mobile	251	86	501,000	111,000	946
China Unicom	121	42.2	460,000	80,000	310
China Telecom	131	44.5	460,000	80,000	362
Totals	503	172.7	1,421,000*	271,000	1,618

Kilde: https://www.theregister.com/2021/08/20/china_5g_progress/

Kina ejer eller bistår i konstruktionen af ~30% af de nuværende kabler i Asien og har til mål at nå mere end 50% snarest muligt. Huawei 5G er banebrydende sammenlignet med konkurrerende vestlige netværk og markedsfører det billigt til resten af verden. Det kinesiske satellitnavigationssystem har flere satellitter end det i USA justerede GPS-navigationssystem. Mindst tredive lande fra Belt and Road Initiative (BRI) har allerede underskrevet en aftale med BeiDou-navigationsnetværket.

Ud over økonomisk kolonisering, som Kina søger digitalt, må vi undersøge vores progressive version af den globale digitale Marshall-plan for at imødegå Kinas Belt & Road og teknologiske infrastruktur.

Det vil være en herkulisk opgave for vestlige virksomheder at indhente statsfinansierede monolitiske kinesiske kvasi-virksomheder som Alibaba, Huawei, Tencent og ZTE, der leverer topmoderne produkter til bundpriser, takket være de kinesiske statstilskud.

6. Videnshåndtering

> *"Betragt dine soldater som dine børn, og de vil følge dig ind i de dybeste dale; betragt dem som jeres egne elskede sønner, og de vil stå ved jer til døden. Hvis du derimod er overbærende, og ikke i stand til at gøre din autoritet gældende; godhjertet, men ude af stand til at håndhæve dine kommandoer; og ude af stand til i øvrigt at dæmpe lidelse: så må jeres soldater sammenlignes med forkælede børn; de er ubrugelige til ethvert praktisk formål."*
>
> Sun Tzu's The Art of War (476–221 BC)

Det, vi har brug for nu er højteknologisk og modstandsdygtig teknik - og ikke finansierings-teknik, der kun tjener til at spilde det, vi allerede har. Produktiviteten af en virksomheds videns ressourcer, nemlig dens medarbejdere, er nøglen til dens succes. Vidensstyringen kontrolleres gennem en kultur af teamwork, læring og opfindsomhed. Team empowerment fører til vidensvirksomheder, som er grundlaget for

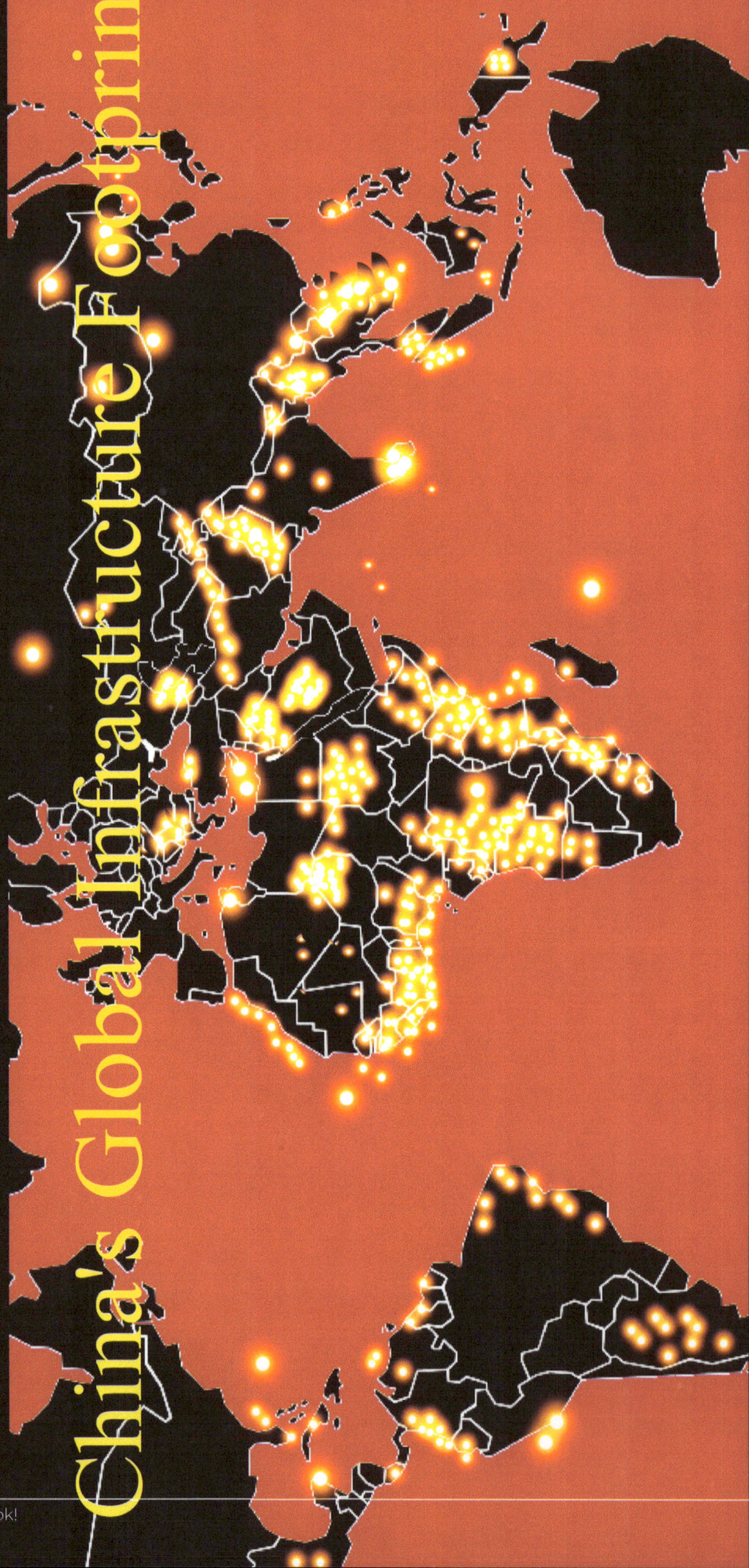

China's Global Infrastructure Footprint

organisationens fremtid. Desværre er vidensressourcer i dagens miljø det primære tab. De modtager den samme behandling som ansvarlige omkostningscentre, hvilket har resulteret i det nuværende ledigheds-tal i USA, på omkring fyrre millioner mennesker.

Vidensressourcer er rygraden i virksomheder - ikke forpligtelser.

> *"Den dygtige arbejdsgiver ansætter den kloge mand, den modige mand, den begærlige mand og den dumme mand. For den kloge mand glæder sig over at fastslå sin fortjeneste, den modige mand viser gerne sit mod i handling, den begærlige mand er hurtig til at gribe fordele, og den dumme mand frygter ikke døden."*
> Sun Tzu's The Art of War (476–221 BC)

McKinseys model viser, at op mod 30 til 40 procent af alle arbejdere i udviklede lande i 2030 skal flytte ind i nye erhverv eller opgradere deres færdigheder betydeligt[60]. Tektoniske transformationer ligger for-an os, når omkring 60% af arbejdspladserne og over 30% af de konstituerende aktiviteter automatiseres. Heldigvis tyder de også på, at mangel på faglærte arbejdere vil blive endnu større. COVID-19-pandemien fremskynder allerede et skifte mod digitalisering og automatisering.

★★★

Evolution of Knowledge Enterprise

"90% of the knowledge in the organization is in the heads of the people. Management spends75 % of their time on the knowledge that is written down."
- Bob Buckman

Operational Excellence

Strategic Excellence (EPM)

Team Empowerment (People)

Knowledge Enterprise

BUILDING A KNOWLEDGE-DRIVEN ORGANIZATION

"An Instant Classic."

- Overcome Resistance to the Free Flow of Ideas
- Turn Knowledge into New Products and Services
- Move to a Knowledge-Based Strategy

ROBERT H. BUCKMAN
CEO OF BUCKMAN LABS, AWARD-WINNING KNOWLEDGE MANAGEMENT PIONEER

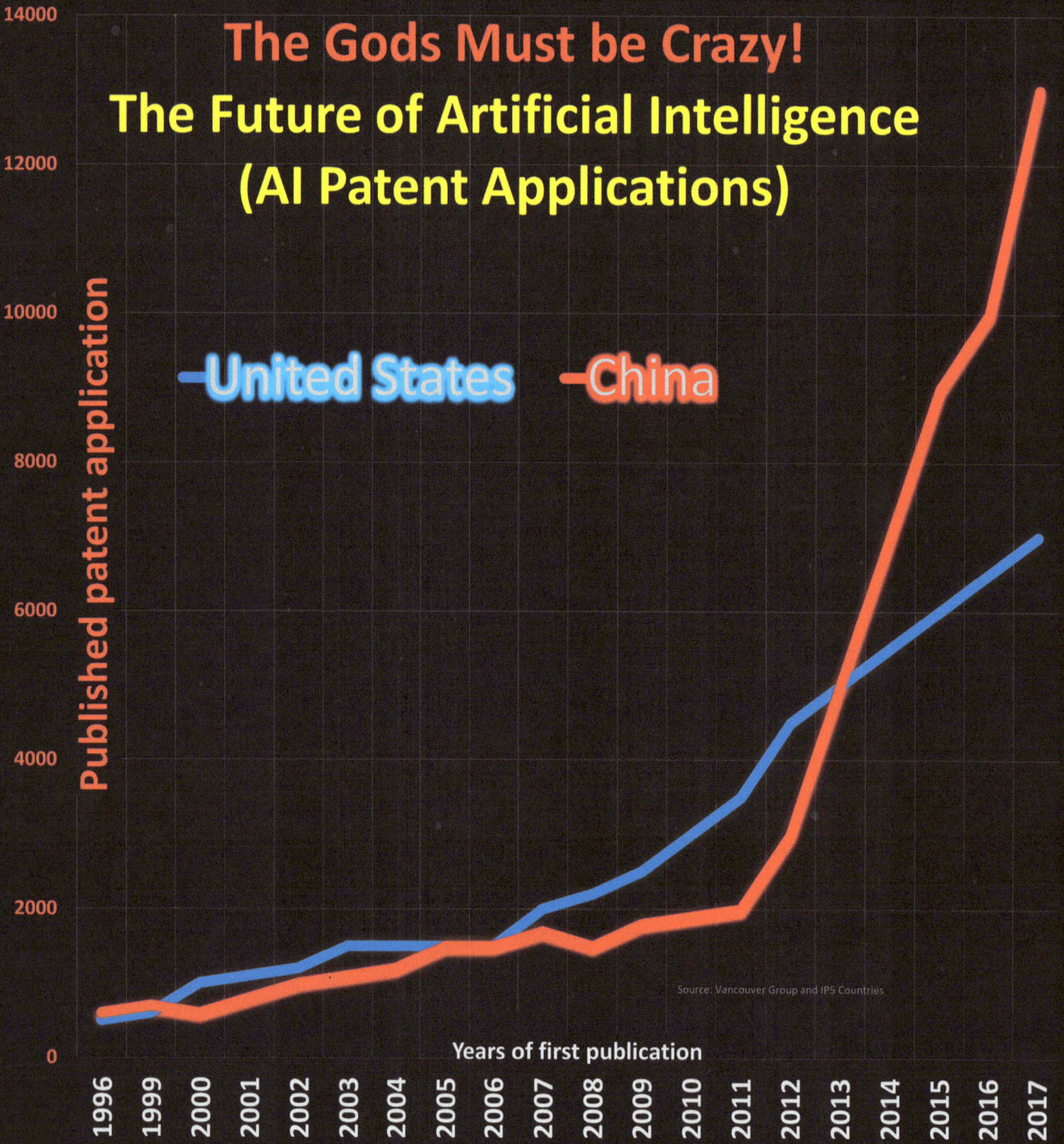

The Gods Must be Crazy!
The Future of Artificial Intelligence (AI Patent Applications)

Source: Vancouver Group and IP5 Countries

USA plejede at være den globale leder inden for viden om alt fra landbrug til sundhed, forsvar, energi og en lang række andre områder. Desværre, som nedenstående graf viser, har føderale investeringer oplevet et langt og stabilt fald i BNP. Det viser at de nuværende amerikanske investeringer ikke er andet end en opskrift på økonomisk og strategisk tilbagegang. Imens fremskynder Kina sine forpligtelser og høster frugterne.

7. Diplomati

"Hold dine venner tæt og dine fjender tættere."
Sun Tzu's The Art of War (476–221 BC)

Vi bør bygge diplomatiske broer og rive skillelinjerne ned, ikke bygge nye. I stedet for at trække os tilbage og lade Kina tage føringen, bør vi gå fremad og tage styringen igen ved fuldstændig at forny de handel-salliancer såsom WTO, Verdensbanken, IMF, FN og WHO, som Roosevelt etablerede umiddelbart efter Anden Verdenskrig. Vi er nødt til at sikre Trans-Pacific Partnership (TPP) lederskab og handle for at imødegå Kina. Trans-Pacific-partnerskabsaftalen var en foreslået handelsaftale mellem Australien, Brunei, Canada, Chile, Japan, Malaysia, Mexico, New Zealand, Peru, Singapore, Vietnam og USA, der blev underskrevet i 2016. Desværre trak den tidligere administration under præsident Trump sig tilbage fra partnerskabet i 2017, og Kina udnyttede USA's tilbagetrækning.

I løbet af Roosevelt-årene var USA det mest respekterede land globalt, med de fleste internationale net-toinvesteringer (målt i BNP-procent). USA ejede flere udenlandske aktiver end udlændinge, der havde deres egne, indtil omkring 1980'erne. Siden 1990'erne har USA takket være en dekadent og dyr livsstil, solgt sine værdsatte aktiver til udlændinge.

Kina er fra 2016 (124) blevet en top handelspartner i de fleste lande. Det tal er mere end det dobbelte af USA (56). Amerikanske ambassadørposter er til salg til velhavende donorer. Den typiske præsidentkampagne koster milliarder af dollars, og alt er til salg for de rige og magtfulde. USA bruger omkring 5.000% mere på forsvarsbudgettet end på udenrigsministeriet. Her er et citat fra Robert Gates (tidligere forsvars-sekretær), "der er flere ansatte i de militære marching bands end der er personale i hele sammensætningen af USA's udenrigstjeneste."

"Opportunistiske relationer kan næppe holdes konstante. Bekendelsen af ærefulde mennesker, selv på afstand, tilføjer ikke blomster i varme tider og ændrer ikke bladene i kulde: den fortsætter med at falme gennem de fire årstider, bliver stadig mere stabil, når den passerer lethed og fare."
Sun Tzu's The Art of War (476–221 BC)

www.ERM.Mavericks.com

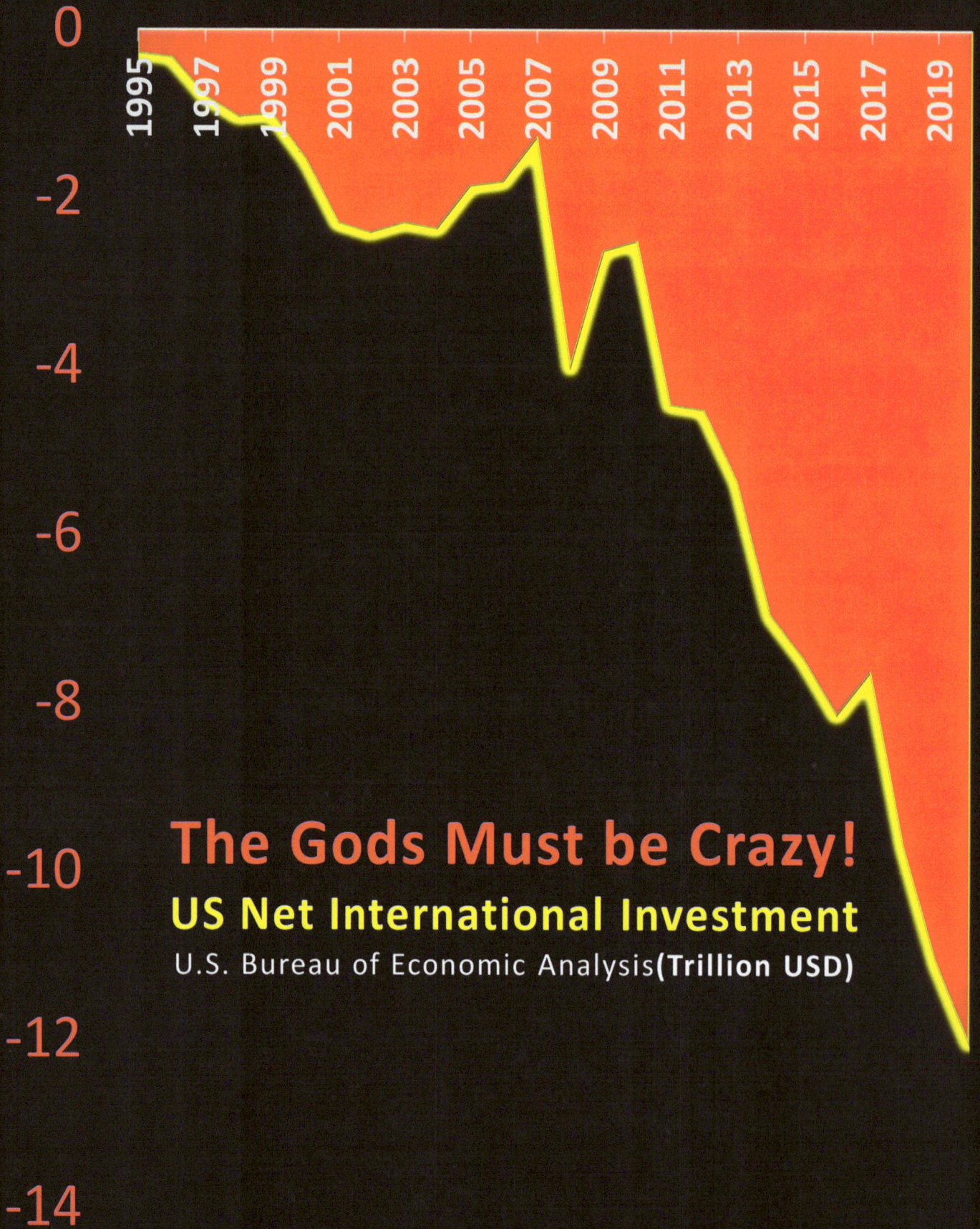

The Gods Must be Crazy!

US Net International Investment

U.S. Bureau of Economic Analysis **(Trillion USD)**

USA var tidligere meget magtfuldt, fordi resten af verden stolede på landet til at varetage handelsforhold. Derfor blev USA betroet med at være ansvarlige for verdens reservevaluta. Hvis USA bliver ved med at spilde disse handelsforbindelser, vil Riget i Midten snart finde en måde at overtage dette privilegium.

USA havde bedre relationer og eksporterede flere produkter og tjenester end det importerede indtil omkring 1970'erne. Desværre har USA mistet dets handels diplomati-mojo i løbet af de sidste to årtier og er blevet en isoleret skraldeplads, især for Kina, som vist i grafen herunder.

8. Verdensvalutaens guldstandard

> *"At skabe en vindende krig er som at balancere en guldmønt mod en mønt af sølv. At skabe en tabende krig er som at balancere en mønt af sølv mod en mønt af guld."*
> Sun Tzu's The Art of War (476–221 BC)

Reservevalutaer giver de amerikanske virksomheder det privilegium at de kan låne flere penge til en lavere pris. Det giver også USA mulighed for at udøve enorm magt over alle finansielle USD-aktiviteter, der finder sted globalt, såsom kontrol af regimerne i Iran, Venezuela og Nordkorea. Takket være Roosevelt, blev den amerikanske dollar verdens reservevaluta i 1944. USA var dengang det mest indflydelsesrige land økonomisk, finansielt og militært. Den store styrke fra reservevalutaen kommer dog med et endnu større ansvar.

For 75 år siden var den amerikanske økonomi omkring 40% af verdens BNP. I dag er det mindre end 15% i PPP. Samtidig drøner Kina derudad med over 20%. Misbrug af depotprivilegier i reservevalutaer har spildt den amerikanske goodwill. USA bør kraftigt overveje dets nuværende metoder, ellers er det amerikanske imperiums dage talte.

Heldigvis foregår 79,5% af al verdenshandel stadig i amerikanske dollars, takket være dens reservestatus. I stedet for at misbruge reservevaluta som et politisk værktøj og printe penge uden grænser, bør vi genskabe tilliden til den amerikanske dollar som reservevaluta, før den mister sin status til Renminbi og dens kryptovaluta. Vi er nødt til at modernisere IMF, Verdensbanken og vores banksystem i takt med fremkomsten af kinesiske finanscentre og deres kryptokurver. Ligesom verdens universelle sprog forbliver engelsk, har reservevalutaer en tendens til at have mere udholdenhed, fordi vanens magt varer lidt længere. Ikke desto mindre, når resten af verden før eller siden er modtagelig for handel med den kinesiske Yuan, vil reservevalutaens glitter falme. Facebook savler også efter digitalt at kolonisere sine misbrugere med dets Electro-Dollar (Libra kryptovaluta).

9. Electro-Dollar

> *"Midt i kaos er der også mulighed."*
> Sun Tzu's The Art of War (476–221 BC)

The Gods Must Be Crazy!
US Trade In Goods With China
U.S. Department of Commerce (Billion USD)

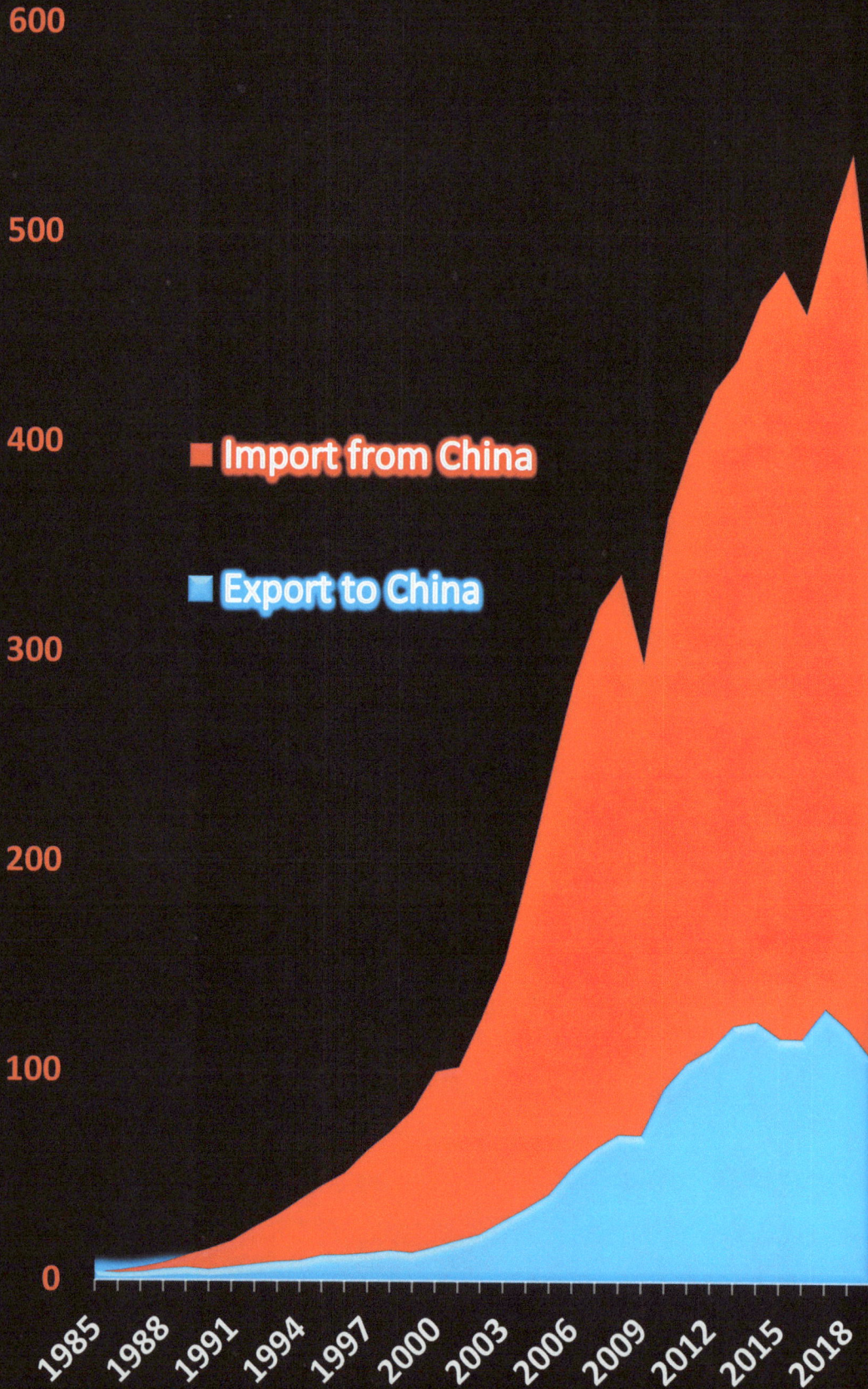

■ Import from China

■ Export to China

I over 75 år har USA, både direkte og indirekte, kontrolleret de fleste af verdens finanser. Landet har denne indflydelse på grund af deres reservestatus og kontrol over institutioner som Society for Worldwide Inter-bank Financial Telecommunication (SWIFT).

I 2019 oprettede det europæiske special vehicle (SPV) handelsudvekslinger (INSTEX) for at lette transaktioner uden om USD og ikke-SWIFT med Iran for at undgå at bryde amerikanske sanktioner. INSTEX er en form for byttesystem, der gør det muligt for virksomheder i EU og potentielt resten af verden, at omgå det amerikanske finansielle system, ved at eliminere SWIFT-baserede grænseoverskridende betalinger i USD. Når tre betydelige langsigtede allierede i USA (Tyskland, Frankrig og Storbritannien) gør dette i øjeblikket for at handle med Iran, er det et advarselsskud. USA bør anerkende det som en trussel, ikke kun mod USA's politik, men som et varsel om enden på deres reservestatus. Handelsaftalen mellem Kina og Iran kan også afvikles i Renminbi, og mange andre lande, som Indien, vil også snart følge efter. Selvom Kina er et lukket samfund, har det en åben forretningsmæssig holdning, og de studerer det amerikanske system grundigt, før de foretager deres strategiske skridt. Det lader til, at det åbne kapitalistiske samfund bevæger sig mod et ekstremt lukket sind. Vi er uansvarlige med vores exceptionalisme og mangel på langsigtet strategisk tænkning. Det er på høje tid at USA anerkender de strategiske partnere, som hjalp landet med at blive en supermagt.

Siden den økonomiske krise i 2008, har Kina mistet troen på vestlige institutioner og er begyndt at se på alternative løsninger. De oprettede et grænseoverskridende interbank betalingssystem (CIPS). Kina etablerede alternative kinesiske baserede mega-finansinstitutioner såsom Asia Infrastructure Investment Bank (AIIB) og New Development Bank (NDB, tidligere kendt som BRICS Bank) som et alternativ til IMF og Verdensbanken, der blev grundlagt af USA. Kineserne har også udviklet mere avancerede digitale betalingssystemer som WeChat og Alipay, som kan prale af omkring to milliarder aktive brugere og det tal vil vokse eksponentielt, når de bliver rullet ud gennem Digital Silk Road (DSR) platformen.

Mens vi kæmpede mod COVID-19 og civil uro, lancerede kineserne Blockchain Service Network (BSN). Denne "digitale Yuan" er verdens største blockchain-økosystem, hvilket gør Kina til den første store økonomi, der har udstedt en national Electro-Yuan (digital valuta). Blockchain Service Network (BSN) er kendt som infrastrukturen over alle infrastrukturer. Dette tilladelsesløse distribuerede blockchain-økosystem muliggør lodret integration af big data, 5G-kommunikation, industriel IoT, cloud computing og kunstig intelligens. Denne finansielle teknologi vil også levere forskellige andre applikationstjenester. Blockchain Service Network (BSN) har været hovedmålet som den økonomiske nerve i Digital Silk Road (DSR) ved at etablere platformen for sammenkobling med alle Kinas Belt and Road Initiative-partnere.

Baseret på en rapport fra JPMorgan, *"Der er ikke noget land, der har mere at tabe på det disruptive potentiale i digital valuta end USA."* Desværre er USA's forældede finansielle platform drevet af Wall Street rigelig moden til digital udnyttelse. Hvis USA ikke tager øjeblikkelig handling, vil kineserne ubarmhjertigt erobre det forældede system, der blev bygget for over 75 år siden.

The Gods Must Be Crazy!
Government Research and Development
Percent of Gross Domestic Product

US   CHINA

Sources: CBO and Chinese People's Political Consultative Conference

3

2.5

2

1.5

1

0.5

0

1996 1997 1998 1999 2000 2001 2002 2003 2004 2005 2006 2007 2008 2009 2010 2011 2012 2013 2014 2015 2016 2017 2018 2019

The Gods Must be Crazy!
Global Reserve Currencies since 1400

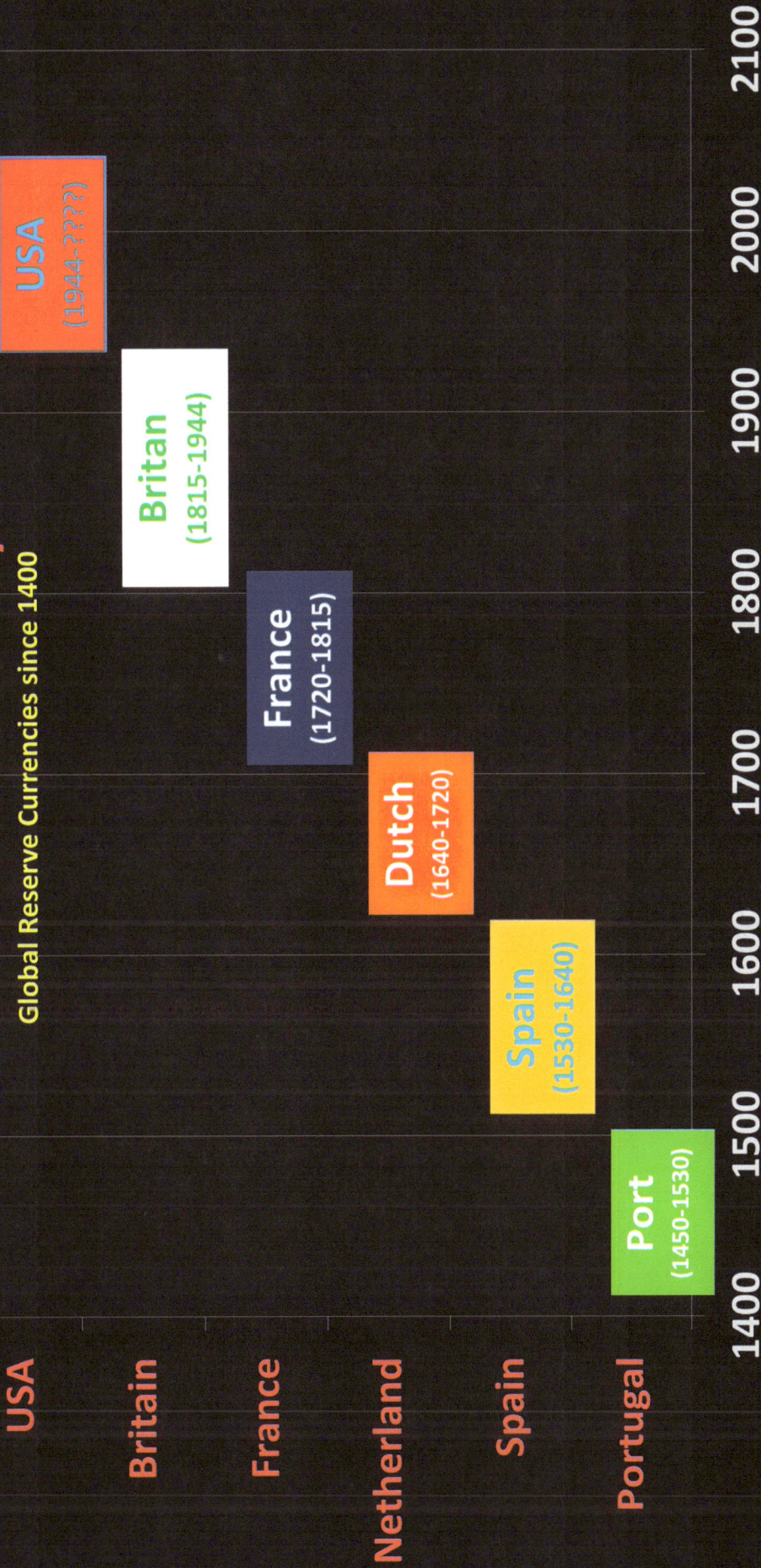

USA (1944-????)

Britan (1815-1944)

France (1720-1815)

Dutch (1640-1720)

Spain (1530-1640)

Port (1450-1530)

USA

Britain

France

Netherland

Spain

Portugal

1400   1500   1600   1700   1800   1900   2000   2100

10. Finansiel kapital

> *"Den, der ønsker at kæmpe, bør først opveje omkostningerne."*
> Sun Tzu's The Art of War (476–221 BC)

New York var engang verdens finansielle nervecenter og fungerede som den frie verdens ansvarlige skabere. På grund af ekstrem financial engineering, er New York desværre ved at blive kapitalismens katakombe.

På den anden side udvikler Kina hurtigt deres finansielle centrum i Shanghai, hvilket støt udvander USA's indflydelse. Antallet af offentlige virksomheder i USA er faldet støt siden det toppede i slutningen af 90'erne. Dette tal er skrumpet fra over 7.000 til mindre end 3.000 i dag. Igen stammer tallet fra vores financial engineering gennem kapitalfonde, fusioner, opkøb og kapitaludstrømninger.

I samme periode voksede det kinesiske aktiemarked fra nul (!) til tæt på 5.000 virksomheder. I USA faldt dette tal med mere end 50%. Samtidig har Kina oplevet en vækst på 1000% i de sidste 25 år.

> *"Jeg har tre skatte, som jeg værdsætter: den ene er venlighed, den anden er nøjsomhed, og den tredje er ikke at formode at have forrang over andre. Ved venlighed kan man være modig, ved sparsommelighed kan man række ud, og ved ikke at antage at have forrang kan man overleve effektivt. Hvis man opgiver venlighed og mod, opgiver nøjsomhed og rummelighed og opgiver ydmyghed for aggressivitet, vil man dø. Udøvelse af venlighed i kamp fører til sejr, udøvelse af venlighed i forsvar fører til sikkerhed."*
> Sun Tzu's The Art of War (476–221 BC)

Ansvaret for vores nuværende dog-eat-dog kapitalistiske system tilhører politiske aktionskomiteer og lobbyister i Washington DC. Mange kapitalfonde og andre investeringsinstrumenter finansieres af Kina og andre suveræne formue-fonde fra udlandet, som måske ikke har vestens bedste interesser for øje. Corporate raiders og Gordon Gekkoagtige gribbe er på udkig efter hurtige penge. Langt de fleste af disse handler udføres mellem computere og er baseret på algoritmer uden grundlæggende principper. De er en skændsel. For at bevare og opretholde bør vi, for det første, forbyde PAC's (Political Action Committee). Svingdøren mellem politikere og lobbyister i sumpen Washington DC, der korrumperer og misbruger systemet, bør undersøges.

★ Vi bør gå forrest i opbygningen af multilaterale finansielle institutioner, der ligner Asian Infrastructure Investment Bank (AIIB) for at imødegå Kinas 10 billioner-dollars gældsfælde-diplomati, næste generations Belt & Silk Road og andre højteknologiske infrastrukturprojekter. I stedet for at foku-

The Gods Must be Crazy!
Catacomb of Capitalism?
US Enterprises Black Hole?

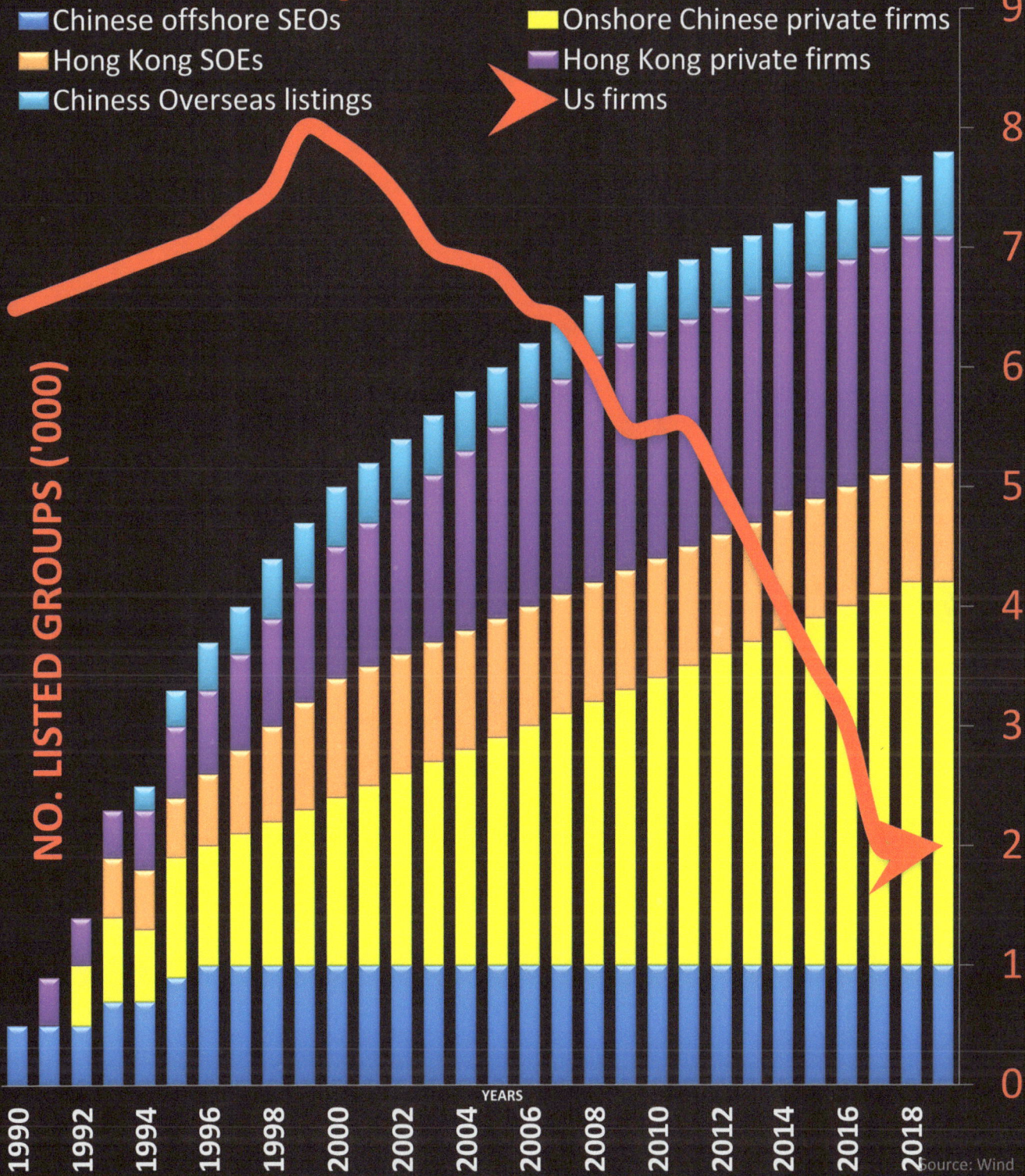

Legend:
- Chinese offshore SEOs
- Hong Kong SOEs
- Chiness Overseas listings
- Onshore Chinese private firms
- Hong Kong private firms
- Us firms

Y-axis: NO. LISTED GROUPS ('000)

X-axis: YEARS — 1990, 1992, 1994, 1996, 1998, 2000, 2002, 2004, 2006, 2008, 2010, 2012, 2014, 2016, 2018

Source: Wind

sere internt, som kinesiske virksomheder gør, er vi nødt til at begive os ud af vores respektive elfenbenstårns-komfortzoner og ekspandere til nye områder, især i vækstlande, for vores egen overlevelses skyld.

★ Vi bør undersøge virkningen af Wall Streets kvartale resultater, tilbagekøb af aktier og investeringsbanker og kapitalfond-aftaler. Regeringen bør nøje overvåge sådanne giftige aktiviteter.

★ Vi bør også indføre langsigtede, præstationsbaserede bonusser til ledere, men ikke baseret på kortsigtede aktiekurser, som spilder grundlaget for en fremragende balance.

★ Desuden bør vi forbyde gribbeagtige kapitalfonde og suveræne formuefonde. De har en tendens til at ofre deres byttes store balancer til fordel for deres egen kortsigtede grådighed.

11. Sikkerhed

> *"Der er fem ting der er afgørende for at sikre sejren:*
> *1 Den der ved hvornår man skal kæmpe, og hvornår man ikke skal kæmpe, vinder.*
> *2 Den der forstår at håndtere både overlegne og ringere kræfter, vinder.*
> *3 Den hvis hær animeres af samme ånd i alle rækker, vinder.*
> *4 Den som har forberedt sig og fanger fjenden uforberedt, vinder.*
> *5 Den som har militær kapacitet og som ikke bliver forstyrret af sin overordnede, vinder."*
>
> Sun Tzu's The Art of War (476–221 BC)

Vi er stadig en flok stridende buskmænd, der tilfældigvis bærer flotte jakkesæt og skinnende sko. At skabe samarbejde mellem 195 lande er udfordrende, og organisationer som FN, WTO og flere er hovedsageligt til pynt. Rå magt betyder stadig mest. USA's supermagtstatus og dets militærindustrielle komplekser er afgørende for at beskytte vestens handelsruter og vores virksomheder mod udefrakommende indflydelse verden over og endda i rummet. Det amerikanske militær har baser i 70 lande, hvilket også er af afgørende vigtighed for vestens virksomhedsinteresser.

I fire århundreder styrede de hollandske og britiske ostindiske selskaber verdenen fra to små nationer ved hjælp af deres våben.

"Vesten vandt verden ikke ved overlegenhed af sine ideer eller værdier eller religion… Men snarere ved dens overlegenhed i anvendelsen af organiseret vold. Vesterlændinge glemmer ofte denne kendsgerning; ikke-vestlige gør det aldrig."

Samuel P. Huntington

The Clash of Civilizations and the Remaking of World Order

The Gods Must Be Crazy!
US Defense Budget/Spending
Billions of US $ (Source: SIPRI)

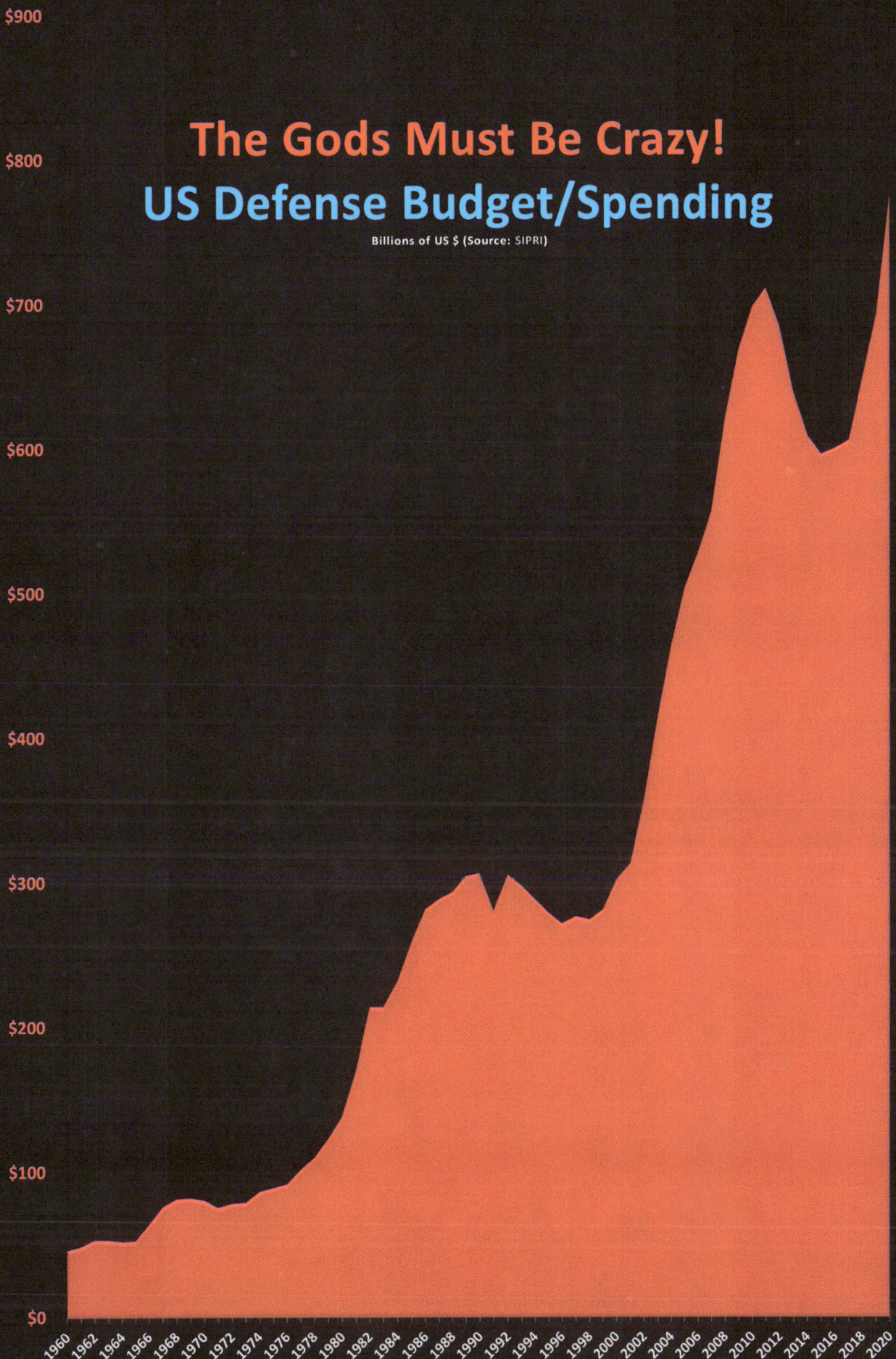

Selvom jeg ikke er nogen militær ekspert, har jeg været konsulent i luftfartsforsvarssektoren i de sidste mange år. Baseret på Brown University-undersøgelsen (PROFITS OF WAR: CORPORATE BENEFICIARI-ES OF THE POST-9/11 PENTAGON SPENDING SURGE)[61], gik næsten halvdelen af de 14 billioner dollars, Pentagon har brugt siden 9/11, til militærindustriens for-profit forsvars-entreprenører. Disse entreprenø-rer dedikerede mere end én lobbyist til hvert medlem af kongressen (ca. 700 lobbyister) og spenderede 2,5 milliarder dollars. Denne tendens stammer fra daværende vicepræsident Dick Cheney, den tidligere administrerende direktør for Halliburton. Halliburton modtog milliarder af dollars for at hjælpe med at oprette og drive baser, fodre tropper og udføre andet arbejde i Irak og Afghanistan i 2008. Omkring en tredjedel af denne Pentagon-kontrakt blev udbudt til kun fem større virksomheder (Lockheed Martin, Boeing, General Dynamics, Raytheon og Northrop Grumman). Nogle af disse virksomheder ejes af su-veræne formue-fonde, herunder Saudi-Arabien[62], potentielt involveret i 9/11-angrebene[63]. Kommissionen for krigskontrakter i Irak og Afghanistan anslog mellem 30 til 60 billioner dollars i spild, svig og misbrug alene i 2011. Da det amerikanske militær trak sig tilbage fra Irak og Afghanistan, er Kina nu deres nye undskyldning for at retfærdiggøre næsten en billion dollars i amerikanske forsvarsudgifter hvert år. Ifølge rapporten: "Ethvert kongresmedlem, der ikke stemmer på de midler, vi har brug for at forsvare dette land, vil lede efter et nyt job efter næste november."

Hvert år bruger den amerikanske regering omkring en billion dollars på forsvar, hvilket er mere end de næste ti lande tilsammen. Mange af disse forsvarssystemer er imidlertid forældede og er ikke engang funk-tionelle. For eksempel flyver hundredvis, hvis ikke tusinder, af luftvåbnets piloter fly, der er bygget før deres fødsel, hvoraf mange ikke engang er flyvefærdige.

"Dronningen i den amerikanske flåde og midtpunktet i den mest magtfulde flåde, verden nogensinde har set, hangarskibet, risikerer at blive som de slagskibe, den oprindeligt var designet til at understøtte: stor, dyr [>$10B], sårbar - og overraskende irrelevant for tidens konflikter.
....
Det kræver næsten 6.700 mænd og kvinder at bemande dem og det koster omkring 6,5 millioner dollars om dagen at drive hver strike group.

CAPT Henry J. Hendrix, USN (Ph.D.), Marts 2013

Til sammenligning bruger Kina deres dyrebare dollars på sofistikerede hypersoniske missiler, der gør USA's smarte legetøj forsvarsløst. De kinesiske ballistiske missiler DF-26, der kun koster hundrede tusinde dollars, er i stand til at sænke USA's "sitting ducks", der har kostet over 10 mia. dollars.

USA handler irrationelt og afspejler Sovjetunionen med en dommedags-lære drevet af et par indflydelses-rige interessegrupper fra 2 billioner-dollars industrien og ortodokse beduin sekter. Amerikanske forsvars-udgifter har sandsynligvis ikke grundlag i en rationel strategi, der er bedst for de amerikanske borgere. I stedet er mange af dem resultatet af forsvar-entreprenørers lobbyvirksomhed. Disse entreprenører påvir-ker kongresmedlemmerne ved at placere produktionsanlæg og baser i deres distrikter (hvilket påvirker beskæftigelsen). Kineserne må få sig et godt grin, mens vi drikker af denne forgiftede økonomiske kalk af fortabte udgifter, fyldt med lånte penge fra dem. De er nu fjende nr. 1, men det vil aldrig blive brugt mod dem. Kinesiske kvasi-institutionelle investorer bidrager betydeligt til mange investeringsinstrumenter, herunder kapitalfonde, der ejer forsvarskontrakter. Ironisk nok ejer nogle af de ikke så venlige Sovereign Wealth-fonde i hvert fald også nogle af USA's primære forsvars-entreprenører[64].

"Når vi hænger kapitalisterne
vil de sælge os det reb, vi bruger. "

Joseph Stalin

★ ★

The Gods Must be Crazy!

2020 Defence Spending

US > next 10 countries combined(Source: SIPRI)

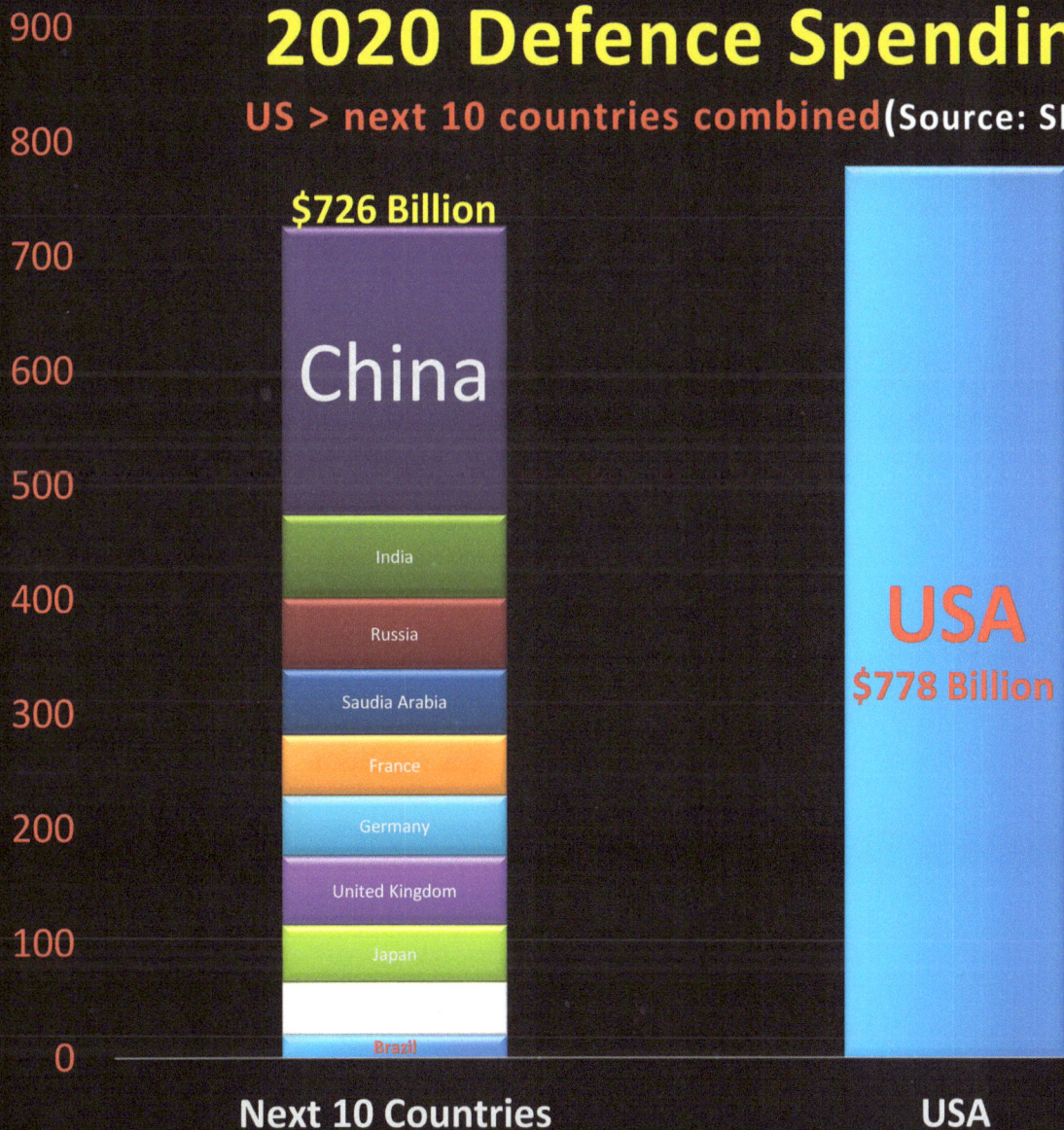

Bar chart comparing 2020 defence spending. Left bar "Next 10 Countries" totals $726 Billion, stacked with: China, India, Russia, Saudia Arabia, France, Germany, United Kingdom, Japan, Brazil. Right bar "USA" = $778 Billion. Y-axis scale 0 to 900.

Ligesom Sovjet fremskyndede slutningen af deres imperium ved ensidigt at blande sig i unødvendige politiske konflikter, spilder USA også dets dyrebare blod og skatter. Ironisk nok er USA nu kopisterne, der begår de samme fejl som russerne i Afghanistan. Det er umuligt at erobre afghanerne; perserne, Alexander den Store, Djengis Khan, Storbritannien og russerne mislykkedes. For nylig, i de krigshærgede ørkener i Mellemøsten, spildte amerikanerne 5 billioner dollars ved at engagere sig i nytteløse beduin krige.

Denne irrationelle sprudlende jubelglæde er en gave til Kina. Kina er strategisk fokuseret, og de voksede mest spektakulært i løbet af vestens faldende år, inspireret af vores egen dumhed. Da USA eksporterer olie, findes der ingen strategiske værdier i Mellemøsten udover tabet af ædelt blod og skatter. Sammenfattende beskytter vi olieforsyningerne til Kina, ligesom hvad der skete i Afghanistan og Pakistan, ved at hjælpe Kina med at vinde deres kommercielle interesser.

★★

The Gods Must be Crazy!
2020 US Defense Spending
Catacomb of Capitalism: Little R&D?
Source: OMB (Office of Management and Budget)

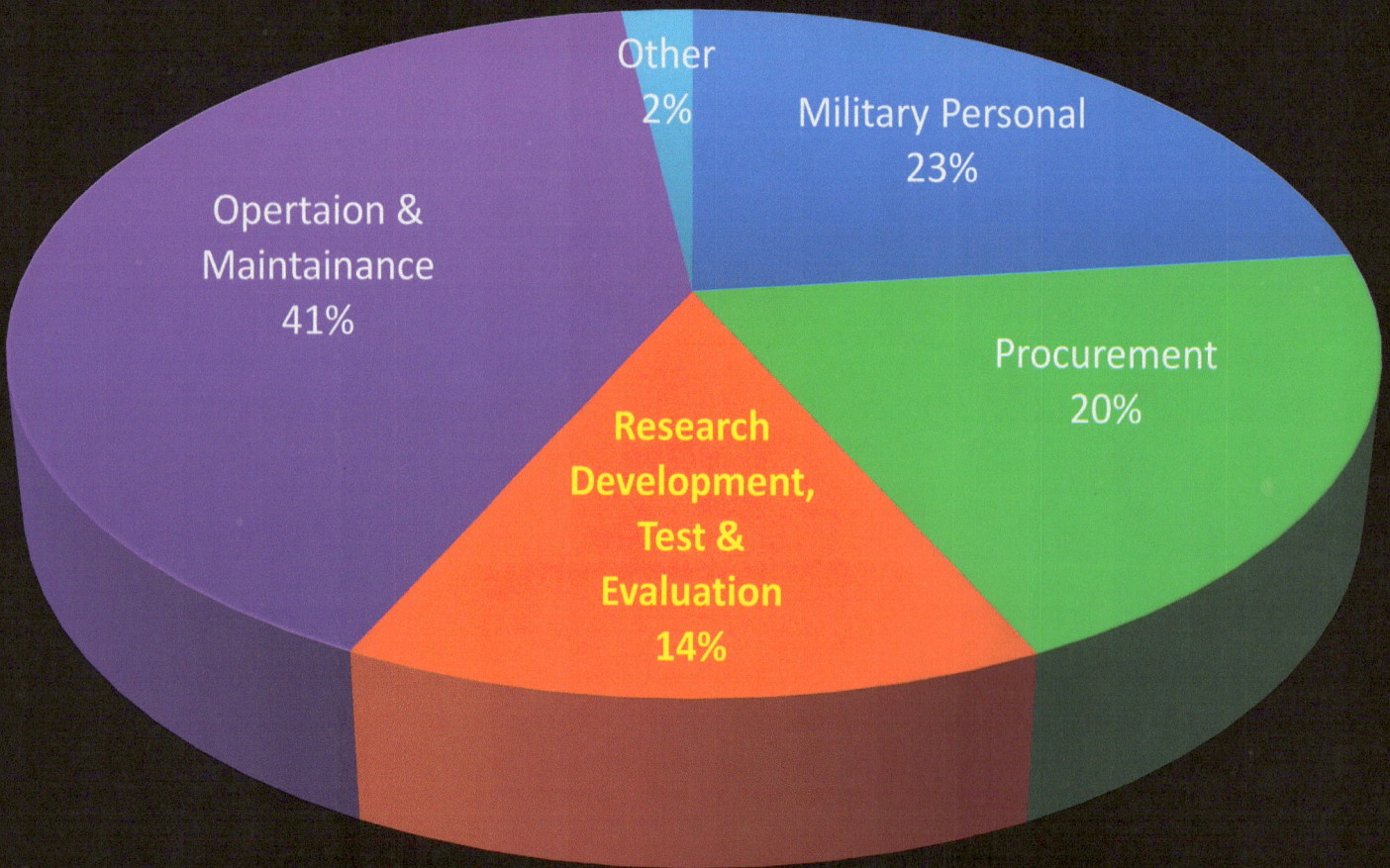

Other
2%

Military Personal
23%

Opertaion &
Maintainance
41%

Procurement
20%

Research
Development,
Test &
Evaluation
14%

Kina handler rationelt og klogt, som Amerika engang gjorde under Roosevelt, hvor man etablerede globale alliancer. Der er ingen lobbyister i Kina, og de træffer rationelle beslutninger med deres langsigtede sikkerhed og kommercielle interesser for øje.

Vi bør fuldstændig modernisere militæret til morgendagens krige, ikke fortidens forhistoriske konventionelle krigsførelse gennem offentligt-private partnerskaber, ligesom Franklin Roosevelt gjorde. Vi skal have visionære ledere som FDR til at forberede sig til og vinde den tredje verdenskrig, som nu er undervejs, som FDR gjorde i 1942, da hans vision vandt Anden Verdenskrig.

Hvis vi ikke er strategiske og kloge, vil vi ikke stå imod de moderne kinesiske forsvarsinstitutioner. Nedenstående diagram viser, at USA næsten ikke bruger nogen penge på den futuristiske F&U, der er nødvendig for at overleve dragens komme. Hvis vi ikke er omhyggelige og strategiske, vil USA's høgeagtige militære eventyrisme og exceptionalisme blive ydmyget i Riget i Midtens baggård. Vi kan ikke udkæmpe morgendagens krige med gårsdagens strategier og våben.

12. Digitale strategier og den transformative køreplan:

> *"For at lykkes er vi nødt til at drikke selve ånden i en omfattende storslået strategi."* En storslået strategi inkluderer en forståelse af normernes magt (moralsk retmæssighed), himlen, jorden (fysiske miljøer), lederskab og endelig metode og disciplin (vurdering af militær kapacitet, relativ magt potentiale). Når alle elementer kommer sammen, kan en stat få succes med en storslået strategi.
>
> Tilpasset fra Sun Tzu's The Art of War (476–221 BC)

I løbet af Roosevelts første 100 dage i embedet, oprettede han alfabetbureauerne, også kendt som 'New Deal'-bureauerne. Mindst 69 kontorer blev oprettet under Roosevelts mange vilkår som en del af "New Deal". Der er tre regeringsgrene, og den udøvende afdeling kontrollerer de fleste af de føderale agenturer. Under den udøvende afdeling er der 15 udøvende afdelinger og omkring 254 under-bureauer. Kongressen etablerede også omkring 67 uafhængige agenturer og mere end et dusin mindre bestyrelser, kommissioner og udvalg.

Et træ rådner fra rødderne op. Korrupte termitter angriber nu de fleste af disse grene i den amerikanske regering og de underliggende 19. århundredes agenturer. Analytiker James A. Thurber har anslået, at antallet af arbejdende lobbyister nu er tæt på 100.000, og at denne korrupte industri årligt indbringer 9 milliarder dollars. Det er mere end bruttonationalproduktet (2018) i over 50 lande under FN's flag. For nylig er lobby-aktiviteterne steget og "gået under jorden", da lobbyister bruger "stadig mere sofistikerede strategier" til at skjule deres aktiviteter. Selv retfærdighed er også til salg gennem de millioner af bidrag til lyssky formål. Højesterets Citizens United-afgørelse i januar 2010 udløste en kolossal bølge af kampagneforbrug, der var yderst uetisk og korrupt efter enhver fornuftig standard. Wall Street brugte 2 milliarder dollars, en ny rekord, på at påvirke præsidentvalget i 2016 i USA. Lobbyisme er en fancy juridisk form for bestikkelse eller afpresning, og i enhver anden del af verden kaldes det korruption.

Det nuværende bureaukratiske system har altid tjent sit formål, især for et århundrede siden under de velmenende Roosevelts. Desværre er mange velmenende organisationer blevet til dybe huller i slange-olie sumpen i Washington, D.C. Hvad er vores strategier og politikker, i lyset af at nylige geopolitiske og økonomiske katastrofer grundlæggende har svækket mange af disse systemer? Har vi en vision og en strategisk køreplan for at imødegå denne ændrede verdensorden? Vi lever i en ny flerdimensionel æra, hvor mange forældede regler skal omdannes til en digital verdensorden fra det 22. århundrede.

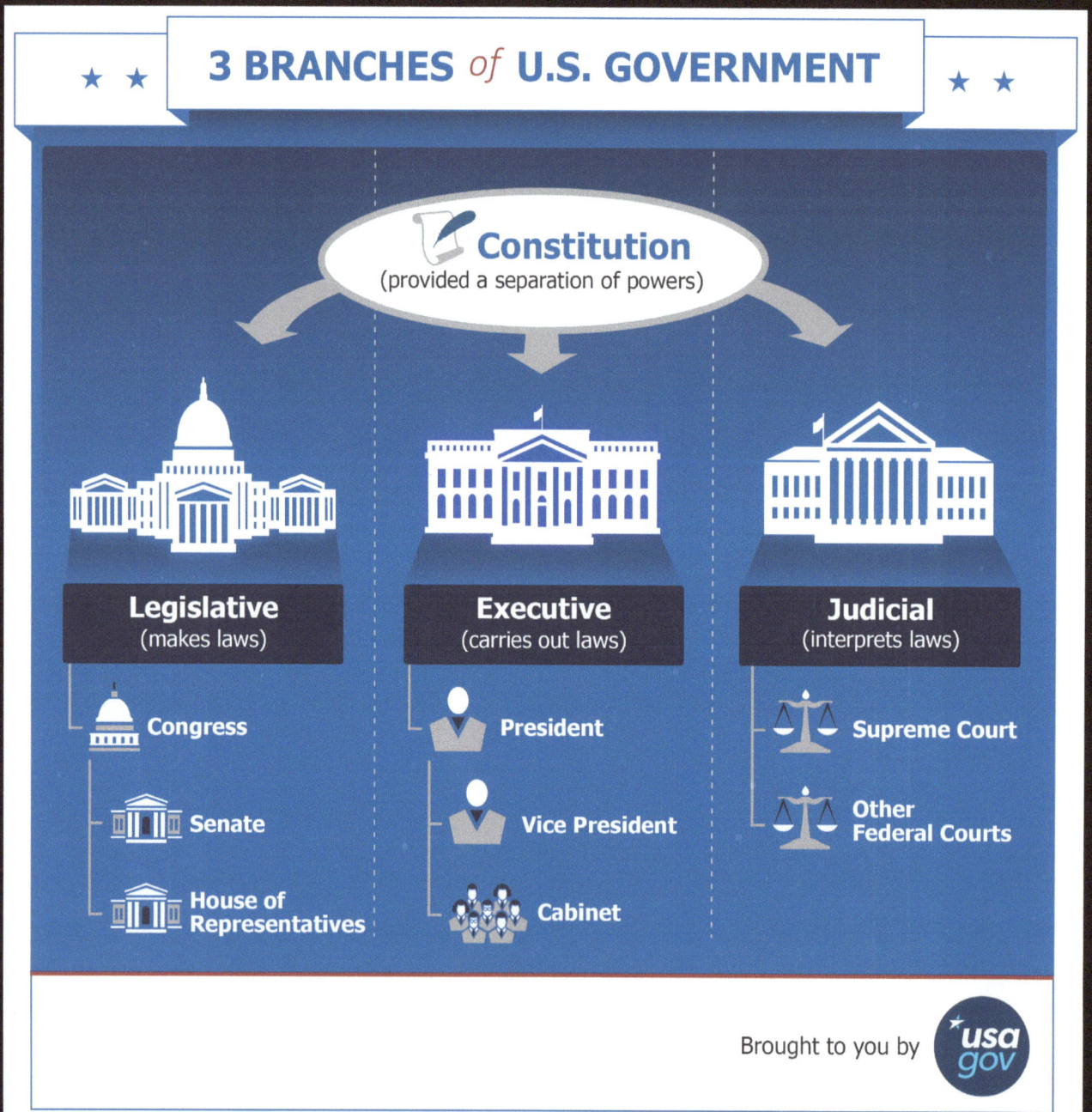

★★★

3 BRANCHES *of* U.S. GOVERNMENT

Constitution
(provided a separation of powers)

Legislative
(makes laws)

- Congress
  - Senate
  - House of Representatives

Executive
(carries out laws)

- President
  - Vice President
  - Cabinet

Judicial
(interprets laws)

- Supreme Court
- Other Federal Courts

Brought to you by **usa gov**

> *"Hvis din fjende er sikker på alle punkter, skal du være forberedt på ham. Hvis han er i overlegen styrke, undgå ham. Hvis din modstander er temperamentsfuld, skal du søge at irritere ham. Lad som om du er svag, så han kan blive arrogant. Hvis han slapper af, så lad ham ikke hvile. Hvis hans styrker er forenede, så adskil dem. Angrib ham, hvor han er uforberedt, duk op, hvor du ikke forventes."*
> **Sun Tzu's The Art of War (476–221 BC)**

Kina er den eneste modstandsdygtige gamle civilisation, der er faldet fire gange og er kommet tilbage hver gang. Siden den kejserlige tilbagegang i den første opiumskrig (1839 til 1842) og den medfølgende ydmygelse, har alle kinesiske ledere forsøgt at genvinde tabte besiddelser i ind- og udland. Det kinesiske kommunistpartis (CCP) vision er ingen hemmelighed: Xi Jinping er fast besluttet på at bringe Riget i Midtens storhedstid tilbage. KKP anvender "geotekniske" strategier og politikker. Kina fører an mod global dominans gennem New Silk Road (BRI) og Digital Silk Road (DSR) initiativer med værdier for mange billioner dollars, og som har til hensigt at kolonisere Asien, Mellemøsten, Afrika og Europa. BRI strukturerer en omfattende handelsinfrastruktur for kinesiske produkter og tilbyder Kinas langsigtede strategiske modeller for avancerede teknologier og militære interesser. Disse elementer omfatter 5G-telekommunikation, robotter, kunstig intelligens (AI) og maritim teknologi til forsvar.

I stedet for ekstrem financial engineering er vi nødt til at fokusere på langsigtede Value Engineering-strategier. Value Engineering bør være ambitionen. Finansielle formuer er bare et biprodukt. Min generation har svigtet ungdommen. De er dårligt forberedt på den digitale æra og mangler i høj grad STEM-muligheder. Vi er nødt til at opgive strudse-syndromet med at begrave vores hoveder i sandet og genkende den skiftende dynamik i den globale verdensorden. Hvis vi ikke gør det, vil digitale drager som Huawei, Alibaba, Tencent og Baidu forme verden. Kina vil sørge for, at disse drager efterlader deres fodaftryk i lande, der er økonomisk koloniseret af Riget i Midten.

I nutidens populistiske miljø vil det være udfordrende at finde ledere som Roosevelts, der kan vende denne tilbagegang. Jeg håber, det bliver mindre traumatisk, og at vi i USA accepterer virkeligheden lige så yndefuldt, som briterne gjorde, da de gav stafetten til os, frem for at glide ud i det uvisse.

"Steve Hilton: Mange mennesker siger, at Kina ønsker at erstatte USA som supermagt...,
Tror du, at det er deres hensigt?"
Trump: "Ja jeg gør. Hvorfor ville de ikke gøre det?
De er meget ambitiøse mennesker. De er meget kloge. De er fantastiske mennesker. Det er en fantastisk kultur."

Fox News interview (05-19-19)

EPILOG

Kortene ligger på bordet, og hvis vi ikke snart bruger vores trumfkort, sender Kina dets lejesoldater for at opkræve bom-afgifterne fra USA og de tæt på 100 lande, som Riget i Midten har koloniseret, økonomisk og digitalt, siden finanskrisen i 2008.

COVID-19 har afsløret de amerikanske mangler; selv under the Presidential Defense Production Act, er vi afhængige af Kina, når det kommer til 3M-fremstillede ansigtsmasker og nødvendige personlige værnemidler (PPE).

Den amerikanske økonomi, som Roosevelt byggede, var omkring 40% (i 1960) af verdens BNP (bruttonationalprodukt). Det er faldet til mindre end 15% i PPP, hvorimod Kina har øget deres andel til over 20%. Takket være deres reservestatus, foregår 79,5% af al verdenshandelen stadig i amerikanske dollars. Men den ekstreme finansielle manipulering har spildt al goodwill. Hvis vi ikke handler hurtigt, vil det amerikanske imperium og enterprise dage formentlig være talte.

Dette er ikke tidspunktet til at bygge en mur mellem os og risikere at blive fanget i et afskærmnings-helvede. Ingen enkelt enevældig person kan tage fat på de multidimensionale udfordringer og rette op på den eksponentielle nedadgående spiral, som blev skabt af sorte svaner i "det nye normale". I stedet for unilateralisme er tiden kommet til at forfine vores bløde færdigheder, så vi kan nå ud til resten af de 96% af menneskeheden, og genoplive vestens enterprise dage som de tre Roosevelts gjorde, da de førte USA ned ad stien til at blive en supermagt for et århundrede siden.

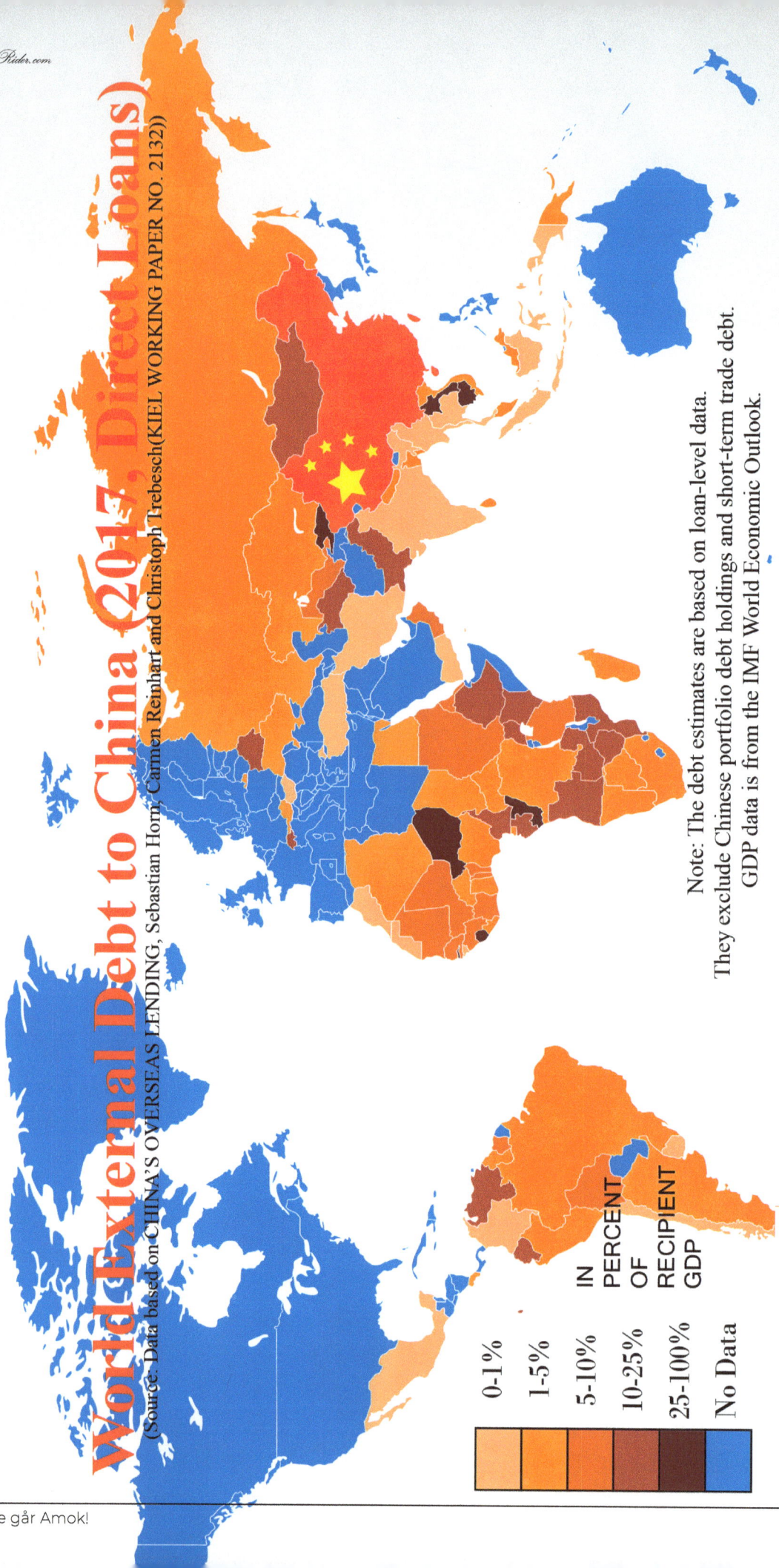

World External Debt to China (2017, Direct Loans)

(Source: Data based on CHINA'S OVERSEAS LENDING, Sebastian Horn, Carmen Reinhart and Christoph Trebesch(KIEL WORKING PAPER NO. 2132))

Note: The debt estimates are based on loan-level data.
They exclude Chinese portfolio debt holdings and short-term trade debt.
GDP data is from the IMF World Economic Outlook.

IN
PERCENT
OF
RECIPIENT
GDP

0-1%
1-5%
5-10%
10-25%
25-100%
No Data

statskontrolleret kapitalisme). Overlevelsen af amerikanske enterprises er blevet sammenflettet med medgang og modgang for dets fadder, det amerikanske imperium. Vi har været vidne til dette i de sidste fire århundreder, med de største virksomheder, såsom de hollandske (~$10T) og britiske (~$5T) enterprises i Ostindien. Desværre vil mange virksomhedsdinosaurer, der udøver ekstrem financial engineering, blive offer for intellektuelle ejendoms-gribbe (for det meste fra Kina).

Vi har brug for at lære af the Roosevelts, der byggede USA's kapitalistiske fundament, der har varet tre fjerdedele af et århundrede. USA er nødt til at lede koalitionen der skal etablere nye "Marshallplaner" for at redde de lande, som Kina økonomisk og digitalt har koloniseret, før det er for sent.

Den grundlæggende arkitektur bør have grundlaget for:

1. Ledelse
2. Videnskab, teknologi, teknik og matematik (STEM) / Uddannelse
3. Forskning og strategisk teknologi
4. Infrastruktur arkitektur
5. Digital arkitektur
6. Videnshåndtering
7. Diplomati
8. Verdensvaluta / Guldstandard
9. Elektro-dollar
10. Finansiel kapital
11. Sikkerhed
12. Store transformative digitale strategier og politikker

Jeg er en kontrær person, og jeg forudsagde den økonomiske tsunami i 2008, hvilket var relativt let, da den for det meste var centreret omkring USA. Denne gang er situationen meget mere uforudsigelig og flerdimensionel med COVID-19 og civil uro, der fungerer som en cygne noir, en sort svane, der udløser globale tektoniske skift. Jeg håber, at jeg tager fejl i min analyse denne gang. Jeg videregiver denne forskning og analyse til dig, klar til at blive udfordret på mit unikke perspektiv og lade den stå sin stresstest.

Hidtil har USA været utroligt gavmilde over for Riget i Midten gennem vores ekstreme finansmanipuleringer og vi har kvalt guldgåsen (ved at forråde de rentable virksomheder for et par dollar-bonusser). Hvis vi ikke planlægger 22nd Century Digital Age New Normal Noah's Enterprise Ark, forudser jeg en fremtid, med det fjerde rige[65], hvor vi tjener som slaver for The Man in The High Castle[66], der bringer minder om Netflix Documentary American Factory[67].

Yeah! It's halftime, America![68]

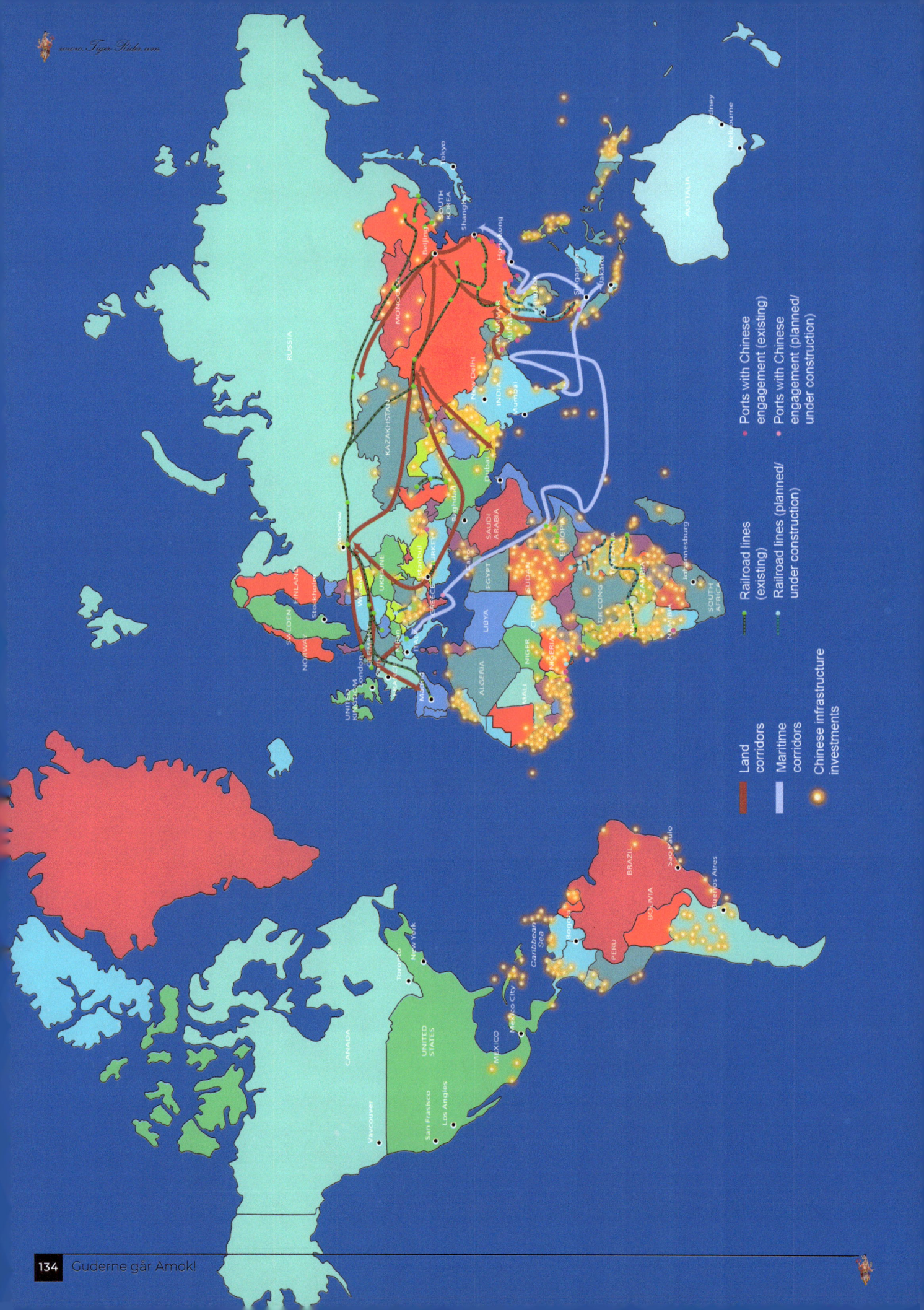

Legend:

- Ports with Chinese engagement (existing)
- Ports with Chinese engagement (planned/under construction)
- Railroad lines (existing)
- Railroad lines (planned/under construction)
- Land corridors
- Maritime corridors
- Chinese infrastructure investments

Labels visible on map: RUSSIA, MONGOLIA, Beijing, SOUTH KOREA, Tokyo, Shanghai, Hong Kong, KAZAKHSTAN, New Delhi, INDIA, Mumbai, MYANMAR, Singapore, Jakarta, AUSTRALIA, Sydney, Melbourne, SWEDEN, FINLAND, NORWAY, Stockholm, Moscow, UKRAINE, GREECE, TURKEY, Baghdad, SAUDI ARABIA, EGYPT, LIBYA, SUDAN, ALGERIA, MALI, NIGER, NIGERIA, DR CONGO, SOUTH AFRICA, Johannesburg, UNITED KINGDOM, London, CANADA, Vancouver, UNITED STATES, San Francisco, Los Angeles, New York, Toronto, MEXICO, Mexico City, Caribbean Sea, PERU, BOLIVIA, BRAZIL, São Paulo, Buenos Aires

The Gods Must be Crazy!
US vs China Competitiveness Dashboard
(Representative Example scores)

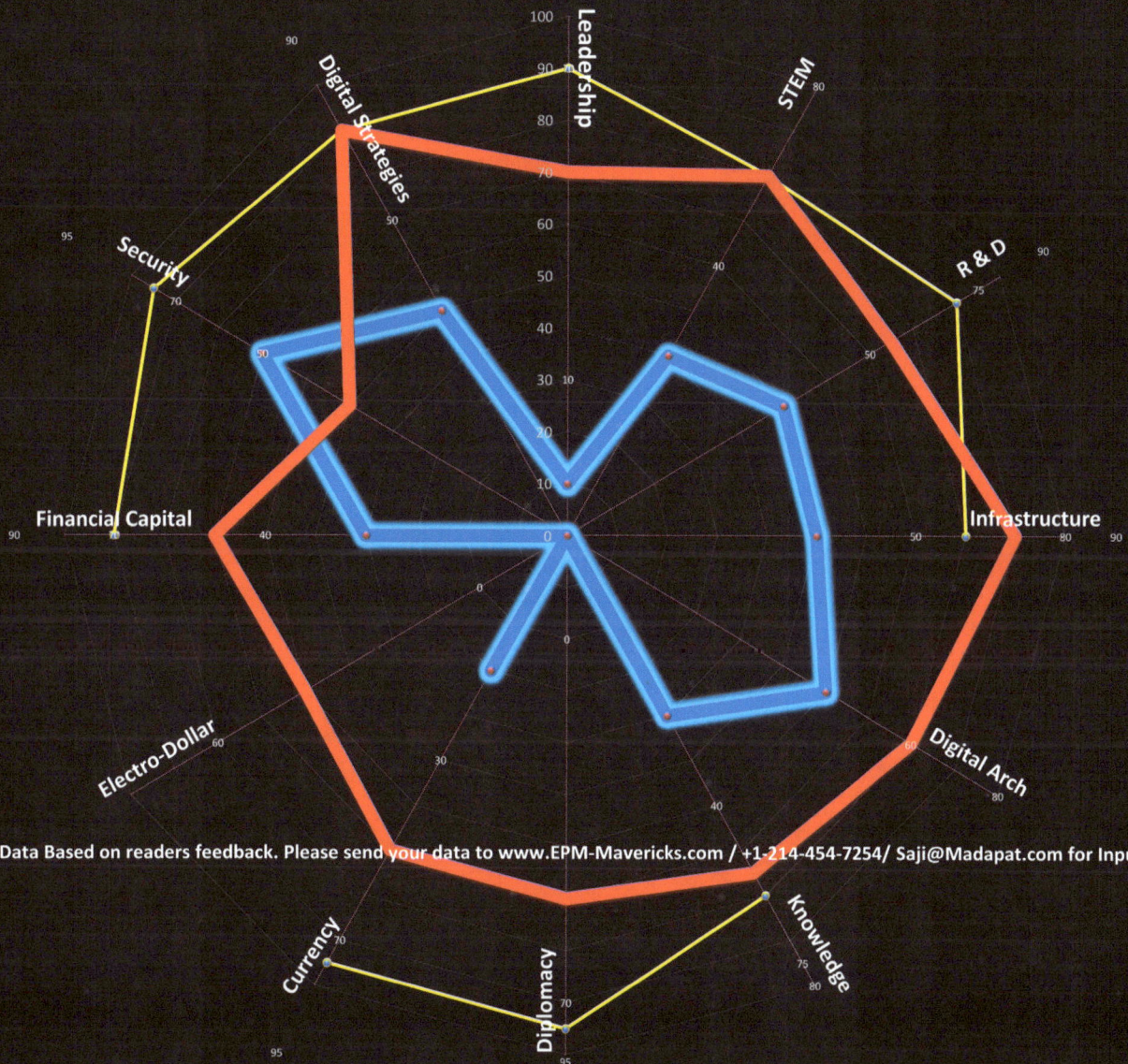

Roosevelt's USA — Current USA — CHINA

Data Based on readers feedback. Please send your data to www.EPM-Mavericks.com / +1-214-454-7254/ Saji@Madapat.com for Input

YEAH! IT'S HALFTIME, AMERICA!

Ay Yi Yai Yi! Den nye verdensorden er her!

OM FORFATTEREN
EN KORT HISTORIE OM
MINE NOMADISKE REINKARNATIONER

★★★

> *"At kæmpe og erobre i alle vores kampe er ikke højeste fortræffelighed; suveræn ekspertise består i at bryde fjendens modstand uden at kæmpe."*
>
> Sun Tzu's The Art of War (476–221 BC)

Jeg er født og opvokset i Guds eget land, Kerala, et tropisk paradis i Indien. I Kerala er vi tilhængere af St. Thomas, apostlen, og blev uddannet af kristne missionærer bragt af kolonister fra Portugal, Frankrig og Storbritannien. 100% læsefærdigheder og høje uddannelsesstandarder i Kerala har ført til mange progressive bevægelser, herunder kommunisme. Der foregår mange unikke ting i Kerala, høje COVID-19-overlevelsesrater, der er højere end de fleste vestlige lande. Kerala var det første sted, kommunister blev demokratisk valgt til magten i verdenshistorien og de har regeret siden 1957. Den industrielle ørken, som kommunismen frembragte, tvang mig til at pakke mine tasker efter at have opnået min industrielle ingeniørgrad (med speciale i Total Quality Management) og jeg søgte derfor et job i Bombay (den kommercielle hovedstad i Indien, nu kaldet Mumbai).

Jeg indså hurtigt, at mine udsigter, ud over fabriksgulvet, var begrænset af min mørke hud (som en lungi-iført Kala Madrasi). Af frygt for min fremtid flygtede jeg mod syd for at undslippe den racistiske professionelle stige. Jeg opnåede min MBA i finans som kandidat i national integration. Heldigt for mig, kollapsede hele den indiske økonomi i 1990 under vægten af det halvtreds år gamle mægtige indiske licens Raj. Resultatet var en liberaliseret indisk økonomi. Timingen var upåklagelig, da den gav mig mulighed for at starte min karriere som Investment Banking Analyst. Fru Fortuna smilede til mig igen, da Indiens børskrak i 1996 tillod mig at komme ud af min investeringsbank-karriere.

Indien tog den socialistiske rute, og under konflikten i 1970'erne med Pakistan erklærede det nødret. På grund af krigen mod Pakistan, og lignende konflikter, fordampede USA og Indiens forhold, og IBM opgav Indien. Takket være vakuummet der opstod, blev TCS og andre indiske it-konglomerater født ud af desperation. Indere blev trænet i IT og kodning for at kickstarte de ældre computere og mainframes efterladt af IBM. Takket være den største bommert i forretnings-historien (Y2K) så IBM og de andre vestlige virksomheder os ('Cyber Coolies') som den billige løsning til at rette dommedagens Armageddon-kode.

I løbet af denne tid lykkedes det mig at migrere fra corporate finance til ERP løsninger (Enterprise Resource Planning) og jeg snuppede mit pas til selve indbegrebet af kapitalisme, USA. Ikke desto mindre blev de (i Holland-beliggende) BaaN Brothers involveret i den hollandske skandale i 2000, og det #3 ERP (BaaN)-systemet, jeg styrede, endte med at blive en lam krikke.

Siden da har jeg brugt over et årti som frivillig for PMI. Jeg har ætset mit navn på PMIs centrale standarder (herunder PMBOK, OPM3, PP&PM osv.) takket være mine PMI-papirer, publikationer og bøger (især Project Portfolio Management Standard). Jeg har endda siddet på Gartners PPM board room panel. Jeg blev senere en af de tre PM Methodology SMV'er hos E&Y. I 2008, midt i den økonomiske krise, arbejdede jeg som rådgiver for CFO-kontoret og oprettede Project Portfolio Management Office for et Fortune 10 'World's Most Admired Company'. Jeg sparede dem omkring en halv milliard dollars, men jeg blev offer for mine kortsigtede finansmanipuleringer. Det lykkedes mig at udnytte 90'ernes gamle Hyperion Enterprise og flyttede videre ind i CFO'ernes verden med produkter til Financial Engineering i BIG4-konsulentverdenen.

I 2009 pakkede jeg mine tasker og tog til de cambodjanske jungler på jagt efter svar i bunden af pyramiden, gennem kinesisk GIFT (Global Institute for Tomorrow)[69] – et Clinton Global Young Executive Leadership Program (YLP). Jo mere jeg analyserede finansverdenen i vesten, jo mere desillusioneret blev jeg. Jeg mistede troen på flash markedernes rutsjebaneture. 90% af nutidens aktiemarked er uden langsigtede grundværdier og man jagter aktietilbagekøb, Tweets, QE[70], de varme dollars og højfrekvente algoritmiske flash-spil med BOT's. Takket være Hernando de Soto, blev jeg født på ny i The Mystery of Capital Gospel. Siden 9/11 har jeg vundet et par dollars ved at vædde mod den konventionelle vestlige markeds-visdom, ved at spille på Petro Kina[71] og Total[72].

Efter at være vendt tilbage fra ødemarken i de cambodjanske drabsmarker[73], reinkarneredes jeg endnu en gang og blev EPM-konsulent (Enterprise Performance Management) efter den økonomiske tsunami i 2008 i BIG4-verdenen. Jeg tjente 95% af min nettoværdi mellem 2008 og 2011 ved at satse mod konventionel visdom. Da hele verden nedjusterede, lånte jeg til det ekstreme i nogle af de mest ikoniske ejendomme i verden, som var på brandudsalg. Jeg har en del blod på hænderne takket være tankeløs EPM financial engineering via fancy jargon (aka nedskæringer) såsom Tax Effective Supply Chain Management (TESCM), Business/Finance/IT Transformation, BPR, Six Sigma og Pricing og Profitability strategier.

For at rense mig for min skyld, havde jeg den fantastiske ære at være frivillig for den mest omfattende Non-Profit i over et årti (PMI [Project Management Institute]), der betjente omkring 3 millioner fagfolk, herunder over 500.000 medlemmer i 208 lande rundt om i verden. Jeg har bidraget til omkring en halv snes bøger og omkring 50 publikationer/præsentationer. Jeg var involveret i flere Entrepreneur of the Year (EOY) priser hos Ernst & Young.

Desværre, efter over to årtier, lader det til, at jeg nu er nødt til at ride tilbage gennem dette Mad Max-raseri -og finde vejen til forløsning ved at klatre gennem apokalypse-murbrokkerne fra Roosevelts kapitalistiske nostalgiske æra.

EN YDMYG ANMODNING OM AT ANMELDE MIN BOG

★★

Jeg håber at du nød at læse denne bog. Jeg vil gerne høre dine mening og anmoder ydmygt om, at du tager et par minutter til at skrive en anmeldelse på Amazon. Din feedback og support vil forbedre mit forfatterskab betydeligt til fremtidige bøger og gøre denne bog endnu mere prisværdig. Dette er et levende manuskript og vil løbende udvikle sig baseret på din konstruktive visdom (direkte kontaktoplysninger @ www.Epm-Mavericks.com). På forhånd tak!

Forkortelser

* Intellectual property (IP)
* Belt and Road Initiative (BRI)
* Digital Silk Road (DSR)
* Internet of Things (IoT)
* The Middle Kingdom (China)
* One Belt, One Road (OBOR)
* Asian Infrastructure Investment Bank (AIIB)
* Purchasing Power Parity (PPP)
* Gross domestic product (GDP)
* Black Lives Matter (BLM)
* George Floyd riots (FLOYD)
* Political Action Committee (PAC)
* Swamp (Washington DC)
* Mergers and Acquisitions (M&A)
* Facebook, Amazon, Apple, Netflix, and Google (FAANG)
* Global Institute for Tomorrow (GIFT - https://global-inst.com/learn/)
* Science, Technology, Engineering, and Mathematics (STEM)
* Tax Effective Supply Chain Management (TESCM)
* Robotic Automation in Cloud (BOTs)
* Business Process Outsourcing (BPO)
* Chinese Communist Party (CCP)
* Franklin D. Roosevelt (FDR)
* Theodore Roosevelt (TR)
* Organization for Economic Cooperation and Development (OECD)
* Artificial Intelligence (AI)
* The Trans-Pacific Partnership (TPP)
* Society for Worldwide Interbank Financial Telecommunication (SWIFT)
* Special-Purpose Vehicle (SPV)
* Blockchain Service Network (BSN)
* New Development Bank (NDB)
* Cross-Border Interbank Payment System (CIPS)

Kunst brugt i denne bog

Theyyam, 'Gudernes dans': Den lykkelige stat Kerala har en større rigdom af kulturelle traditioner end nogen anden del af verden. Theyyam er 'Gudernes dans'. Den flamboyante dans inkorporerer elementer og ritualer fra den forhistoriske tidsalder. Der er omkring 456 typer Theyyam (theyyakkolams) og udføres i den nordlige Malabar-region i Indien, som er den region jeg kommer fra.

https://www.tiger-rider.com/Client-Galleries/Rhodes/
https://en.wikipedia.org/wiki/Theyyam

Thrissur Puram
The Festival of Festivals in God's own Country

Thrissur Puram, festivalen over alle festivaler: Thrissur (Indiens kulturelle hovedstad) er min hjemby i Indien - det er her, jeg brugte 4 Puram's, mens jeg trænede min teknik. Jeg har altid drømt om at se Puram tæt på - men det plejede at være en umulig drøm blandt deltagerne. Endelig fik jeg en gang i livet Devine adgang på Rostrum på Divine Durbar (gæstekort udstedt af Trichur-samler), adgang uden adgang (mediepas) til alt af både Thiruvambadi & Parammekkavu Devaswom.

https://www.tiger-rider.com/Client-Galleries/Puram/
http://en.wikipedia.org/wiki/Thrissur_Pooram

Kathakali, historiefortællingens kunst: Kathakali (malayalam: കഥകളി) er en hovedform for klassisk indisk dans. Det er en "historiespil" kunstgenre, der kendetegnes ved den kunstfærdige farverige makeup, kostumer og ansigtsmasker, som de traditionelt mandlige skuespiller-dansere bærer. Kathakali er en hinduistisk performancekunst i den malayalam-talende sydvestlige region i Indien (Kerala).

(Originalt forsidebillede kilde: FDR portræt og præsident Donald J. Trump adresserer sine bemærkninger under en D-Day National Commemorative Event onsdag den 5. juni 2019 i Southsea Common i Portsmouth, England. (Officielt White House-foto af Shealah Craighead)

(**Kilde til bagsidebillede:** Præsident Donald J. Trump holder en kopi af The Washington Post under 2020 National Prayer Breakfast torsdag den 6. februar 2020 på Washington Hilton i Washington, DC (officielt White House-foto af Joyce N. Boghosian))

ENDNOTES

1 Chiraq er et kælenavn for Chicago, Illinois. Det kombinerer Chicago med Iraq og bruges til at henvise til visse voldelige områder i Chicago, og sammenligner dem med en krigszone. https://www.dictionary.com/e/slang/chiraq/#:~:text=Chiraq%20is%20a%20nickname%20for,likening%20them%20to%20a%20warzone

2 I statsvidenskab beskriver udtrykket bananrepublik et politisk ustabilt land med en økonomi afhængig af eksport af et produkt med begrænsede ressourcer, såsom bananer eller mineraler. https://www.the-atlantic.com/politics/archive/2013/01/is-the-us-on-the-verge-of-becoming-a-banana-republic/267048/

3 Boarding up er processen med at installere brædder på vinduer og døre i en ejendom for at beskytte den mod stormskader, for at beskytte ubrugte, ledige eller forladte ejendom og/eller for at forhindre uautoriseret adgang fra squatters, tyve eller vandaler. https://www.wbez.org/stories/protest-art-has-cov-ered-boarded-up-businesses-will-it-be-preserved/e3db8017-a6ba-4dde-9bc3-3d17f6ee5392

4 Gennem de sidste 5000 år har Kina været kendt under mange forskellige navne. Kineserne kalder deres land Zhōngguó, normalt oversat til "Riget i midten" eller "Landet i centrum". http://www.learnmartialart-sinchina.com/kung-fu-school-blog/why-is-china-called-the-middle-kingdom/#:~:text=Throughout%20the%20last%205000%20years,sometimes%20translated%20as%20Central%20Kingdom)

5 https://www.britannica.com/place/Third-Reich

6 Dutch East India Company, United East India Company, Dutch Vereenigde Oost-Indische Compag-nie, er et handelsselskab grundlagt i Den Hollandske Republik (nuværende Holland) i 1602 for at be-skytte statens handel i Det Indiske Ocean og for at hjælpe med den hollandske uafhængighedskrig fra Spanien. https://www.pbs.org/wgbh/roadshow/stories/articles/2013/1/7/dutch-east-india-compa-ny-worlds-first-multinational/

7 East India Company var et engelsk firma dannet til udnyttelse af handelen med Øst- og Sydøstasien og Indien. Den blev inkorporeret ved kongelig charter den 31. december 1600, og blev startet som et mo-nopolistisk handelsorgan, så England kunne deltage i den ostindiske krydderihandel. https://www.bbc.co.uk/programmes/n3csxl34

8 New Deal var en række programmer, offentlige arbejdsprojekter, finansielle reformer og regler vedtag-et af præsident Franklin D. Roosevelt i USA mellem 1933 og 1939. Den reagerede på behovet for lettelse, reform og genopretning efter den store depression. https://www.fdrlibrary.org/great-depression-new-deal

9 https://www.npr.org/sections/codeswitch/2013/08/26/215761377/a-history-of-snake-oil-salesmen

10 Den globale finanskrise i 2008 er blandt de mest udbredte nylige eksempler på en økonomisk tsuna-mi. Det middelmådige realkreditmarkedet i USA fungerede som en udløser i dette tilfælde, hvor store investeringsbanker (IB'er) fejlberegnede risikomængden i visse sikkerheds-garanterede gældsinstru-menter. https://www.investopedia.com/terms/e/economictsunami.asp#:~:text=The%202008%20glob-al%20financial%20crisis,in%20certain%20collateralized%20debt%20instruments.

11 Gældsfælde-diplomati beskriver diplomati baseret på gæld, der udføres i de bilaterale forbindelser mel-lem lande med en ofte påstået negativ hensigt. Selvom udtrykket er blevet anvendt på udlånsmid-ler i mange lande og Den Internationale Valutafond, er det i øjeblikket mest almindeligt forbundet med Folkerepublikken Kina. https://foreignpolicy.com/2020/03/23/china-coronavirus-belt-and-road-bri-boost-debt-diplomacy/

12 One Belt, One Road eller OBOR for kort, er en global strategi for infrastrukturudvikling vedtaget af den kinesiske regering i 2013 for at investere i forskellige lande og internationale organisationer. https://www.oecd.org/finance/Chinas-Belt-and-Road-Initiative-in-the-global-trade-investment-and-finance-land-scape.pdf

13 Marshallplanen (officielt European Recovery Program, ERP) var et amerikansk initiativ, der blev vedtaget i 1948 for udenlandsk bistand til Vesteuropa. https://history.state.gov/milestones/1945-1952/marshall-plan

14 "Digital Silk Road" (DSR) blev introduceret i 2015 af en officiel kinesisk regerings hvidbog som en del af Beijings Belt and Road Initiative (BRI). I årevis har det været et mindre identificerbart sæt projekter, lige så meget som det var et mærke for stort set enhver telekommunikation eller datarelateret forretningsdrift eller produktsalg af kinesiske teknologiske virksomheder i Afrika, Asien, Europa, Latinamerika eller Caribien - hjemsted for de 100+ "BRI-lande". https://carnegieendowment.org/2020/05/08/will-china-control-global-internet-via-its-digital-silk-road-pub-81857

15   Thousand Talents Plan (TTP) (kinesisk: 千人计划; pinyin: Qiān rén jìhuà) eller Thousand Talents Program (kinesisk: 海外高层次人才引进计划; pinyin: Hǎiwài gāo céngcì réncái yǐnjìn jìhuà) blev oprettet i 2008 af Kinas centrale regering til at anerkende og rekruttere førende internationale eksperter inden for videnskabelig forskning, innovation og iværksætteri.

16 https://itif.org/publications/2020/06/22/new-report-shows-unfair-chinese-government-support-huawei-and-zte-has-harmed

17 I russisk kultur er en kompromat, der er forkortelse for "kompromitterende materiale", skadelige oplysninger om en politiker, en forretningsmand eller andre offentlige personer, der bruges til at skabe negativ omtale samt afpresning. https://www.newyorker.com/news/swamp-chronicles/a-theory-of-trump-kompromat

18 Efter at have oprettet afdelinger i Asien, Europa og Afrika bevæger Kinas AI-virksomheder sig nu ind i Latinamerika, en region som den kinesiske regering beskriver som en "kerne-økonomisk interesse". Venezuela introducerede for nylig et nyt nationalt ID-kortsystem, der logger borgernes politiske tilhørsforhold i en database bygget af ZTE. Ironisk nok udstillede kinesiske virksomheder i årevis mange af disse overvågningsprodukter på udstillinger i Xinjiang, uigurernes hjemprovins. https://www.theatlantic.com/magazine/archive/2020/09/china-ai-surveillance/614197/

19 https://www.theatlantic.com/magazine/archive/2020/09/china-ai-surveillance/614197/

20 https://www.brookings.edu/opinions/the-aiib-and-the-one-belt-one-road/

21 https://en.wikipedia.org/wiki/List_of_countries_by_GDP_(PPP)

22 https://www.heritage.org/defense/commentary/chinas-defense-spending-larger-it-looks

23 https://youtu.be/2J9y6s_ukBQ

24 https://www.nytimes.com/2018/01/18/us/politics/trump-border-wall-immigration.html

25 https://fee.org/articles/the-medical-cartel-is-keeping-health-care-costs-high/#:~:text=Though%20few%20Americans%20realize%20it%2C%20health%20care%20is%20a%20monopoly..-Cartels%20Protecting%20Doctors&text=Cartels%20Protecting%20Doctors-,Both%20directly%20or%20indirectly%2C%20the%20AMA%20also%20controls%20the%20prices,payment%20policies%20of%20insurance%20companies.

26 https://www.oecd-ilibrary.org/education/education-at-a-glance-2018_eag-2018-en

27 https://educationdata.org/international-student-enrollment-statistics/

28 https://www.oecd.org/pisa/pisa-2015-results-in-focus.pdf

29 https://www.sentencingproject.org/wp-content/uploads/2015/11/Americans-with-Criminal-Records-Poverty-and-Opportunity-Profile.pdf

30 https://www.brennancenter.org/our-work/research-reports/citizens-united-explained

31 https://www.marketwatch.com/story/airlines-and-boeing-want-a-bailout-but-look-how-much-theyve-spent-on-stock-buybacks-2020-03-18

32 https://www.marketwatch.com/story/airlines-and-boeing-want-a-bailout-but-look-how-much-theyve-spent-on-stock-buybacks-2020-03-18

33 https://www.imf.org/external/pubs/ft/fandd/2019/09/tackling-global-tax-havens-shaxon.htm

44 https://www.rottentomatoes.com/m/american_factory

45 https://en.wikipedia.org/wiki/Snake_oil

46 https://www.imf.org/en/Publications/GFSR/Issues/2019/10/01/global-financial-stability-report-october-2019

47 Navnet på denne bog stammer fra den sydafrikanske komediefilm "Guderne går Amok" fra 1980, hvor en tom Coca-Cola flaske smides ud fra et fly over et samfund af afrikanske buskmænd. Flasken er en gave fra guderne, men der opstår kampe mellem landsbyen beboere, så stammens leder beslutter at de skal returnere flasken til guderne, hvilket kræver en rejse helt til verdens ende. Gennem min egen metaforiske Coca-Cola flaske skuer jeg nu starten på et nyt imperium. Denne bog tjener derfor som et opråb og bøn om en genrejsning af det nuværende amerikanske imperium (genrejsning af kapitalisme og enterprises), før det er for sent. https://www.rottentomatoes.com/m/the_gods_must_be_crazy

48 https://global-inst.com/

49 https://www.history.com/topics/cold-war/the-khmer-rouge

50 https://en.wikipedia.org/wiki/Snake_wine

51 https://www.cato.org/cato-journal/winter-2018/against-helicopter-money

52 https://www.investopedia.com/terms/g/gordon-gekko.asp

53 https://www.investopedia.com/terms/q/quantitative-easing.asp

54 https://youtu.be/8iXdsvgpwc8

55 "Triple talaq ", som det er kendt, tillader en mand at skille sig fra sin kone ved at gentage ordet" talaq "(skilsmisse) tre gange i enhver form, herunder e-mail https://en.wikipedia.org/wiki/Divorce_in_Islam

56 https://en.wikipedia.org/wiki/List_of_countries_by_GDP_(PPP)

57 https://www.whitehouse.gov/presidential-actions/memorandum-order-defense-production-act-regarding-3m-company/

58 https://www.theatlantic.com/education/archive/2018/09/why-is-college-so-expensive-in-america/569884/

59 https://www.theregister.com/2021/08/20/china_5g_progress/

60 https://www.mckinsey.com/business-functions/organization/our-insights/getting-practical-about-the-future-of-work

61 https://watson.brown.edu/costsofwar/papers/2021/ProfitsOfWar

62 Saudi Sovereign-Wealth Fund Buys Stakes in Facebook, Boeing, Cisco Systems - WSJ

63 https://www.whitehouse.gov/briefing-room/presidential-actions/2021/09/03/executive-order-on-declassification-review-of-certain-documents-concerning-the-terrorist-attacks-of-september-11-2001/

64 https://www.wsj.com/articles/saudi-sovereign-wealth-fund-buys-stakes-in-facebook-boeing-cisco-systems-11589633300

65 https://www.britannica.com/place/Third-Reich

66 https://www.rottentomatoes.com/tv/the_man_in_the_high_castle/s01

67 https://www.rottentomatoes.com/m/american_factory

68 https://youtu.be/8iXdsvgpwc8

69 https://global-inst.com/

70 https://www.investopedia.com/terms/q/quantitative-easing.asp

71 http://www.petrochina.com.cn/ptr/index.shtml

72 https://www.total.com/

73 https://www.history.com/topics/cold-war/the-khmer-rouge

TAK

Jeg vil gerne udtrykke min taknemmelighed over for alle, der gav mig konstruktiv kritik og hjalp mig med at rette op på tre årtiers forvrænget virkelighed. Særlig tak til alle dem, der gav mig anderledes perspektiver, herunder Fox News, PBS, Real Vision, FT, HBR, Bloomberg, Ray Dalio, Hernando de Soto, Chamath Palihapitiya, Charlie Rose, GIFT (www.global-inst.com)...

www.ingramcontent.com/pod-product-compliance
Lightning Source LLC
Chambersburg PA
CBHW050913210326
41597CB00002B/110